NAJBOLJA S'MORES KUHARICA

Uživajte u slatkim čarolijama marshmallowa, čokolade i Graham krekera kroz 100 sjajnih recepata

KLARA HORVAT

Materijal autorskih prava ©2024

Sva prava pridržana

Nijedan dio ove knjige ne smije se koristiti ili prenositi u bilo kojem obliku ili na bilo koji način bez odgovarajućeg pisanog pristanka izdavača i vlasnika autorskih prava, osim kratkih citata korištenih u recenziji. Ovu knjigu ne treba smatrati zamjenom za medicinske, pravne ili druge stručne savjete.

SADRŽAJ

SADRŽAJ 3
UVOD 6
DORUČAK I RUNK 7
   1. S'MORES KROASANI 8
   2. S'MORES FRANCUSKI TOST 11
   3. VAFLIRANI S'MORES 13
   4. KAKAO PROŽET BIJELIM SLJEZOM 15
   5. SHAKE OD TIRAMISUA 17
   6. VAFLIRANI S'MORES 19
   7. PALAČINKE OD BIJELOG SLJEZA 21
   8. MARSHMALLOW ŽITNE PLOČICE ZA DORUČAK 23
   9. TOST ROLL UPS OD ČOKOLADE I MARSHMALLOWA 25
   10. FLUFFERNUTTER ZOBENE PAHULJICE 27
   11. S'MORES ZOB ZA NOĆENJE 29
   12. S'MORES PALAČINKA S 31
   13. S'MORES ZDJELA ZA SMOOTHIE OD ČOKOLADNE GRANOLE ...33
   14. S'MORES BURRITO ZA DORUČAK 35
GLICASE I PREDJELA 37
   15. BANOFFEE S'MORES ZALOGAJI 38
   16. HERSHEY'S S'MORES VRUĆE KAKAO BOMBE 40
   17. GODIVA S'MORES 42
   18. S'MORES ZALOGAJI PERECA 44
   19. KUTIJA ZA RUČAK S'MORES BARS 46
   20. NUTELLA SMORES 48
   21. S'MORESOV MIKS ZA ZABAVU 50
   22. S'MORES NA ROŠTILJU 52
   23. S'MORES ŠALICA BROWNIE 54
   24. SNICKERS S'MORES 56
   25. ZALOGAJI BIJELOG SLJEZA OD SLATKOG KRUMPIRA 58
   26. ROCKY ROAD BITES 60
   27. IZNENAĐENJE OD PEČENIH SLATKIŠA OD JABUKA 62
   28. S'MORES NA ROŠTILJU 64
   29. OHLAĐENA VOĆNA POSLASTICA 66
   30. B ANANA BROD 68
   31. CHOCOLATE MARSHMALLOW BLONDIES 70
   32. ROĐENDANSKI POSIPI POSLASTICE OD RIŽE KRISPIES 72
   33. B KEKSI S MARSHMALLOWOM 74
   34. KOKICE OD BRUSNICE 76
   35. CORNY HRSKAVE POSLASTICE OD RIŽE 78
   36. KUGLICE ZA KOKICE CANDY CORN 80

37. PUFFS OD SLJEZA 82
38. S'MORES WONTONS 84
39. S'MORES DIP 86
40. S'MORES TRAIL MIX 88
41. S'MORES PUNJENE JAGODE 90
42. S'MORES KOKICE 92
43. S'MORES ENERGY BITES 94
44. S'MORES KUGLICA OD SIRA 96
45. S'MORES ČOKOLADNA KORA 98
46. S'MORES PLOČICE S KOLAČIĆIMA 100
47. S'MORES POSLASTICE OD RIŽE KRISPIE 102
48. S'MORES PIZZA 104

SENDVIČI I ZAMOTCI 106
49. SIR NA ŽARU INSPIRIRAN S'MORESOM 107
50. S'MORES QUESADILLA 109
51. BURGER INSPIRIRAN S'MORESOM 111

GLAVNO JELO 113
52. TEPSIJA OD BIJELOG SLJEZA OD SLATKOG KRUMPIRA 114
53. PET ŠALICA VOĆNE SALATE 116
54. SMRZNUTA VOĆNA SALATA 118
55. VOĆNA SALATA OD NARANČE 120
56. DJEČJA VOĆNA SALATA 122

DESERT 124
57. POUND KOLAČ S'MORES NA ŽARU 125
58. S'MORES TORTA OD ŠALICE 127
59. BAILEYS S'MORES 129
60. S'MORES LAZANJE 131
61. BANANA I BISCOFF S'MORES GALETTES 133
62. CARNATION MARSHMALLOW FUDGE 136
63. KOLAČ FUNFETTI 138
64. POUND KOLAČ S'MORES NA ŽARU 140
65. KUKURUZNE PAHULJICE KOLAČIĆI OD SLJEZA 142
66. PITA SKAKAVAC 145
67. TORTA OD ČOKOLADNOG SLADA 147
68. CHARLESTON COBBLESTONE SLADOLED 150
69. ČOKOLADNI SLJEZ SLADOLED 152
70. SLADOLED OD OGROZDA I SLJEZA 154
71. ROCKY ROAD ICE CREAM 156
72. KLJUČNI SLADOLED OD LIMETE 158
73. S'MORES ČAŠICE ZA ČOKOLADNI MOUSSE 160
74. FRANKENSTEIN MUG TORTA 162
75. SPIDERWEB TORTA 164
76. PETOMINUTNI FUDGE 166

77. Pjena od uskršnjih jaja 168
78. S'Mores kolačići 170
79. Pumpkin S'Mores Cheesecake pločice 172
80. S'Mores pita 175
81. S'Mores čašice za čokoladni mousse 177
82. S'Mores sladoledni sendviči 179
83. S'Mores sitnica 181
84. S'Mores kruh od banane 183
85. S'Mores mini torta od sira bez pečenja 185
86. S'Mores puding od riže 188

PIĆA 190

87. S'Mores topla čokolada 191
88. S'Mores Milkshake 193
89. S'Mores ledena kava 195
90. Tostirani s'More Martini 197
91. Baileys s'Mores 199
92. Ghost Busted koktel 201
93. Milkshake od marshmallow kokica 203
94. Blackberry Marshmallow Cream Soda 205
95. Koktel s breskvama i vrhnjem od đumbira 207
96. Koktel pita od beze od limuna 209
97. Tekući koktel Smore 211
98. Koktel od jagoda i bijelog sljeza 213
99. S'Mores Martini 215
100. S'Mores Frappuccino 217

ZAKLJUČAK 219

UVOD

Dobro došli u "Najbolja s'mores kuharica: uživajte u slatkim čarolijama marshmallowa, čokolade i Graham krekera kroz 100 sjajnih recepata." S'Mores svojom neodoljivom kombinacijom gnjecavog marshmallowa, otopljene čokolade i hrskavih graham krekera evociraju sjećanja na pucketanje logorske vatre i ugodna druženja pod zvijezdama. U ovoj kuharici pozivamo vas da krenete na ukusno putovanje kroz svijet S'Moresa, istražujući 100 kreativnih i slatkih recepata koji slave ovu omiljenu poslasticu uz logorsku vatru.

S'Mores su više nego samo ljetni užitak; oni su simbol nostalgije za djetinjstvom, avantura na otvorenom i zajedničkih trenutaka s voljenima. Bilo da pečete marshmallow na logorskoj vatri, ložite roštilj u svom dvorištu ili jednostavno žudite za okusom nostalgije u udobnosti vlastite kuhinje, na ovim ćete stranicama pronaći inspiraciju i zadovoljstvo. Od klasičnih S'Mores varijacija do inovativnih zaokreta tradicionalnog recepta, postoji s'more za svako nepce i svaku priliku.

Svaki recept u ovoj kuharici osmišljen je pažljivo i kreativno, nudeći jedinstven pogled na klasično S'Mores iskustvo. Od slatkih deserata poput S'Mores torte od sira i S'Mores kolačića do razigranih poslastica poput S'Mores sladolednih sendviča i S'Mores kokica, mogućnosti su beskrajne. Uz jasne upute, korisne savjete i zadivljujuće fotografije, osjećat ćete se samopouzdano dok se upuštate u svoju avanturu izrade S'Moresa.

Dakle, prikupite svoje sastojke, potpalite plamen i pripremite se prepustiti se slatkoj čaroliji S'Moresa s "Najbolja s'mores kuharica" kao vodičem. Bez obzira na to dijelite li ove poslastice s prijateljima i obitelji ili ih kušate sami, ovi će recepti zasigurno donijeti radost i zadovoljstvo uz svaki slasni zalogaj.

DORUČAK I RUNK

1.S'Mores kroasani

SASTOJCI:
- 1 list lisnatog tijesta, odmrznut
- ¼ šalice Nutelle
- ¼ šalice mini marshmallowa
- ¼ šalice mrvica graham krekera
- 1 jaje, tučeno
- Šećer u prahu, za posipanje

UPUTE:
a) Zagrijte pećnicu na temperaturu naznačenu na pakiranju lisnatog tijesta. Obično je oko 375°F (190°C).
b) Na lagano pobrašnjenoj površini razvijte odmrznuti list lisnatog tijesta i lagano ga razvaljajte na jednaku debljinu.
c) Lisnato tijesto nožem ili rezačem za pizzu narežite na trokute. Trebali biste dobiti oko 6-8 trokuta, ovisno o veličini koju preferirate.
d) Svaki trokut od lisnatog tijesta namažite tankim slojem Nutelle, ostavljajući mali rub oko rubova.
e) Pospite mrvicama graham krekera preko sloja Nutelle na svaki trokut.
f) Stavite nekoliko mini marshmallowa na mrvice graham krekera, ravnomjerno ih raspoređujući po trokutu.
g) Počevši od šireg kraja svakog trokuta, pažljivo zarolajte tijesto prema šiljastom kraju, oblikujući oblik kroasana. Pazite da zatvorite rubove kako nadjev ne bi iscurio.
h) Pripremljene kroasane slažite u pleh obložen papirom za pečenje, ostavljajući razmak između njih da se tijekom pečenja rašire.
i) Vrh svakog kroasana premažite razmućenim jajetom, koje će im dati lijepu zlatnu boju kada se ispeku.
j) Pecite S'Mores kroasane u prethodno zagrijanoj pećnici oko 15-18 minuta ili dok ne porumene i napuhnu se.
k) Kad su pečeni, kroasane izvadite iz pećnice i ostavite da se malo ohlade na rešetki.
l) Prije posluživanja pospite S'Mores kroasane šećerom u prahu, dodajući dašak slatkoće i atraktivan završni dodir.
m) Uživajte u svojim ukusnim domaćim kroasanima S'Mores kao divnoj poslastici za doručak, desert ili kad god poželite divnu kombinaciju Nutelle, marshmallowa i graham krekera.

2.S'Mores francuski tost

SASTOJCI:
- 3 kriške francuskog kruha
- 2 jaja lagano umućena
- ⅔ šalice mlijeka
- 1 žličica ekstrakta vanilije
- ¼ žličice soli
- 1 šalica mrvica graham krekera
- maslac
- 6 velikih marshmallowa prerezanih na pola
- 2 Hersheyjeve šipke pune veličine razlomljene u pravokutnike
- Javorov sirup i/ili fudge umak za posluživanje

UPUTE:
a) U plitkoj zdjeli ili tanjuru za pite umutite jaja, mlijeko, vaniliju i sol.
b) Umočite kruh u smjesu od jaja, premažite svaku stranu.
c) Utisnite obje strane kruha u mrvice graham krekera.
d) Otopite oko ½ žlice maslaca na ringli ili tavi s neprijanjajućim premazom za svaku krišku kruha. Pecite dok ne postane smeđe i hrskavo, a zatim okrenite na drugu stranu, prvo dodajući još malo maslaca u tavu.
e) Dok je još vruće, složite ploške francuskog tosta, između slojeva marshmallowa i čokolade.
f) Prepolovite za 2 porcije.

3. Vaflirani s'Mores

SASTOJCI:
- Neljepljivi sprej za kuhanje
- ½ šalice bijelog integralnog pšeničnog brašna
- ½ šalice višenamjenskog brašna
- ¼ šalice čvrsto zbijenog tamno smeđeg šećera
- ½ žličice sode bikarbone
- ¼ žličice soli
- Prstohvat mljevenog cimeta
- 4 žlice neslanog maslaca, otopljenog
- 2 žlice mlijeka
- ¼ šalice meda
- 1 žlica čistog ekstrakta vanilije
- ¾ šalice poluslatkih komadića čokolade
- ¾ šalice mini marshmallowa

UPUTE:
a) Zagrijte kalup za vafle na srednje. Obje strane rešetke pekača za vafle premažite neljepljivim sprejem.
b) U zdjeli za miješanje pomiješajte brašno, smeđi šećer, sodu bikarbonu, sol i cimet. U posebnoj zdjeli pjenasto izmiješajte otopljeni maslac, mlijeko, med i vaniliju.
c) Dodajte mokre sastojke u smjesu brašna i miješajte dok se ne dobije tijesto.
d) Ostavite smjesu da odstoji 5 minuta. Bit će puno gušće od običnog tijesta za vafle, ali ne tako gusto kao tijesto za kruh.
e) Izmjerite otprilike ¼ šalice tijesta i stavite ga na jedan dio kalupa za vafle. Ponovite s drugom ¼ šalice tijesta kako biste dobili vrh i dno za sendvič.
f) Zatvorite poklopac i kuhajte dok vaflasti graham krekeri ne budu još malo mekani, ali kuhani 3 minute.
g) Pažljivo izvadite vafle graham krekere iz kalupa za vafle.
h) Bit će prilično mekani, pa budite oprezni da ostanu netaknuti. Ostavite ih da se malo ohlade.
i) Ponovite s ostatkom tijesta.

4. Kakao prožet bijelim sljezom

SASTOJCI:
- 1 šalica mlijeka.
- 1 štapić cimeta.
- ¼ žličice muškatnog oraščića.
- 1 žlica nezaslađenog kakaa u prahu.
- 1 unca čokoladnih komadića.
- 1 kapaljka kokosovog ulja.
- Mini marshmallows.
- 1 šalica viskija s cimetom

UPUTE:
a) U loncu srednje veličine zagrijte mlijeko.
b) Pirjajte na laganoj vatri s cimetom i muškatnim oraščićem 10 minuta.
c) Umiješajte kakao prah.
d) Pustite da lagano kuha nekoliko minuta prije nego što ugasite vatru.
e) Pomiješajte čokoladu, viski, kokosovo ulje i marshmallow u jednoj šalici.

5.Shake od tiramisua

SASTOJCI:
- 5 unci tinkture
- 4 velike kugle sladoleda od vanilije
- ½ šalice moke
- šlag
- čokoladni sirup
- Kakao prah za posipanje
- Šaka tostiranog marshmallowa

UPUTE:
a) Pomiješajte tinkturu, sladoled i moku u zdjeli dok ne postane glatka.
b) Ulijte u visoku čašu, napunite šlagom, čokoladnim sirupom i kakaom u prahu te pospite kakaom u prahu.
c) Ukrasite sljezom.

6. Vaflirani s'Mores

SASTOJCI:
- Neljepljivi sprej za kuhanje
- ½ šalice bijelog integralnog pšeničnog brašna
- ½ šalice višenamjenskog brašna
- ¼ šalice čvrsto zbijenog tamno smeđeg šećera
- ½ žličice sode bikarbone
- ¼ žličice soli
- Prstohvat mljevenog cimeta
- 4 žlice neslanog maslaca, otopljenog
- 2 žlice mlijeka
- ¼ šalice meda
- 1 žlica čistog ekstrakta vanilije
- ¾ šalice poluslatkih komadića čokolade
- ¾ šalice mini marshmallowa

UPUTE:
j) Zagrijte kalup za vafle na srednje. Obje strane rešetke pekača za vafle premažite neljepljivim sprejem.
k) U zdjeli za miješanje pomiješajte brašno, smeđi šećer, sodu bikarbonu, sol i cimet. U posebnoj zdjeli pjenasto izmiješajte otopljeni maslac, mlijeko, med i vaniliju.
l) Dodajte mokre sastojke u smjesu brašna i miješajte dok se ne dobije tijesto.
m) Ostavite smjesu da odstoji 5 minuta. Bit će puno gušće od običnog tijesta za vafle, ali ne tako gusto kao tijesto za kruh.
n) Izmjerite otprilike ¼ šalice tijesta i stavite ga na jedan dio kalupa za vafle. Ponovite s drugom ¼ šalice tijesta kako biste dobili vrh i dno za sendvič.
o) Zatvorite poklopac i kuhajte dok vaflasti graham krekeri ne budu još malo mekani, ali kuhani 3 minute.
p) Pažljivo izvadite vafle graham krekere iz kalupa za vafle. Bit će prilično mekani, pa budite oprezni da ostanu netaknuti. Ostavite ih da se malo ohlade. Ponovite korake od 5 do 7 s ostatkom tijesta.

7. Palačinke od bijelog sljeza

SASTOJCI:
- 1 šalica / 8 oz mini marshmallow kolačića
- 2 šalice / 16 oz brašna koje se samo diže
- 2 šalice / 16 oz mlijeka
- 2 jaja svježa i iz slobodnog uzgoja
- ¼ žličice soli

PRELJEVI
- 2 žlice mini sljeza
- javorov sirup
- maslac

UPUTE:

a) Tijesto: dodajte brašno, mlijeko, jaja i sol u zdjelu za miješanje. Drvenom kuhačom miješajte dok se smjesa ne sjedini.

b) Marshmallows: dodajte mini marshmallows u tijesto za palačinke i promiješajte da se sjedini.

c) Kuhajte: poprskajte tavu za palačinke uljem od kanole. Stavite na štednjak i uključite na srednju temperaturu. Upotrijebite ⅓ mjericu za žlicu i izlijte smjesu na tavu. Ulijte ga ravno prema dolje i držite ruku na jednom mjestu.

d) Okrenite: palačinke će trebati 2 do 3 minute da se ispeku s prve strane. Pazite na mjehuriće koji će se formirati na površini počevši od rubova. Kad se probiju do središta, vrijeme je za okretanje palačinki. Gurnite silikonski okretač ispod pečene strane, uvjerite se da je palačinka na peraji, zatim lagano podignite ruku i okrenite je na drugu stranu. Neka se ova strana kuha 1 do 2 minute.

e) Slaganje: kada su palačinke pečene, počnite ih slagati na tanjur za posluživanje. Dodajte malo marshmallowa na hrpu dok radite. Kada dođete do vrha, namažite malo maslaca po vrhu, pospite još malo marshmallowa na vrh, a zatim pokapajte hrpu javorovim sirupom.

f) Posluživanje: stavite hrpu palačinki na stol za doručak kao središnji dio. Ili osigurajte tanjure i vilice za posluživanje i dopustite ljudima da sami ukrase.

8. Marshmallow žitne pločice za doručak

SASTOJCI:
- 6 žlica maslaca
- Vrećica marshmallowa od 16 unci
- 6 šalica žitarica, miješajući mjerenje s žitaricama koje god odaberete

UPUTE:
a) Obložite četvrtastu posudu za pečenje od 9 inča papirom za pečenje i ostavite sa strane
b) U veliku zdjelu prikladnu za mikrovalnu pećnicu dodajte maslac. Zagrijte maslac u mikrovalnoj pećnici dok se ne otopi, oko 1 ½ minute otopite maslac
c) Dodajte marshmallow u zdjelu i promiješajte ih s otopljenim maslacem. Ponovno stavite zdjelu u mikrovalnu pećnicu i zagrijavajte je još 1 ½ minute, pazeći da se marshmallows ne prelije. Izvadite i promiješajte. Ako marshmallows nije potpuno otopljen, možete ga dodatno zagrijati. umiješajući marshmallows u rastopljeni maslac
d) Sada dodajte žitarice! Pomiješajte sve svoje omiljene žitarice u marshmallow i pažljivo promiješajte. Ne želite zdrobiti sve žitarice dok ih miješate.
e) Ulijte smjesu žitarica u pripremljenu posudu za pečenje. Lagano rasporedite i utisnite u tepsiju. Pokušajte ne pritiskati prejako ili će ih biti teže jesti. žitne pločice sa sljezom
f) Ostavite da se stegne oko sat vremena. Režite i uživajte!

9.Tost Roll Ups od čokolade i marshmallowa

SASTOJCI:
ZA ROLL-UPOVE:
- 8 kriški bijelog kruha za sendviče
- ½ šalice mini marshmallowa
- ½ šalice malih komadića čokolade
- 1 žlica maslaca

ZA SMJESU OD ČOKOLADNIH JAJA:
- 2 velika jaja
- 3 žlice mlijeka
- ½ žličice ekstrakta vanilije
- 1 žlica kakaa u prahu

ZA MJEŠAVINU ČOKOLADA-ŠEĆER:
- ⅓ šalice granuliranog šećera
- 1 žličica cimeta
- 1 žlica kakaa u prahu

UPUTE:
a) Sa svake šnite kruha odrežite koricu i poravnajte šnitu valjkom za tijesto.
b) Stavite mini marshmallow kolačiće i komadiće čokolade unutra prema jednom kraju kriške kruha.
c) Čvrsto smotajte kruh. Ponovite s preostalim kriškama kruha.
d) Pripremite smjesu od čokoladnih jaja: u plitkoj posudi umutite jaja, mlijeko, ekstrakt vanilije i jednu žlicu kakaa u prahu. Dobro promiješati.
e) Pripremite čokoladno-šećernu smjesu: na ploči pomiješajte šećer, cimet i jednu žlicu kakaa u prahu. Staviti na stranu.
f) Zagrijte tavu na srednje jakoj vatri i otopite maslac.
g) Svaki kolut umočite u smjesu od čokoladnih jaja, dobro premažite i stavite u kalup. Pecite ih dok ne porumene sa svih strana, oko 2 minute po strani. Po potrebi dodajte maslac u tavu.
h) Svaki kuhani kolut izvadite iz tepsije i odmah uvaljajte u smjesu čokolade i šećera dok potpuno ne bude prekriven šećerom.

10. Fluffernutter zobene pahuljice

SASTOJCI:
- 1 šalica brze zobi
- 2 šalice vode
- 3-6 žlica kremastog maslaca od kikirikija ili količina po ukusu
- 2-4 žlice bijelog sljeza ili količina po ukusu

PRELJEVI PO IZBORU
- narezanu bananu ili drugo omiljeno voće
- suho voće
- 100% čisti javorov sirup
- mljeveni cimet
- chia sjemenke ili druge sjemenke ili orašasti plodovi

UPUTE:
a) U malu do srednju posudu za umake dodajte 2 šalice vode i zakuhajte.
b) Kad voda zavrije, dodajte 1 šalicu zobenih pahuljica i kuhajte 1 minutu, miješajući dok se kuha.
c) Kada je gotovo, žlicom ravnomjerno rasporedite u 2 zdjelice.
d) Dodajte maslac od kikirikija i marshmallow paperje i sve nadjeve po želji. Uživati!

11. S'Mores Zob za noćenje

SASTOJCI:
- ⅓ šalice staromodne zobi
- ⅓ šalice običnog grčkog jogurta
- ½ šalice nezaslađenog mlijeka od vanilije i badema
- 2 žličice chia sjemenki
- 2 žlice marshmallow kreme
- ½ lista graham krekera, izmrvljenog
- ½ žlice mini komadića čokolade
- Mini marshmallows (za preljev)

UPUTE:
a) Započnite miješanjem mokrih sastojaka u maloj posudi za miješanje: običnog grčkog jogurta, bademovog mlijeka i kreme od marshmallowa. Ove sastojke dobro izmiješajte.
b) Integrirajte suhe sastojke u smjesu. Dodajte staromodnu zob, chia sjemenke, izmrvljene graham krekere i male komadiće čokolade. Kombinirajte sve sastojke dok se dobro ne sjedine.
c) Premjestite smjesu zobenih pahuljica u hermetički zatvorenu posudu. Ostavite ga da se namače u hladnjaku preko noći ili barem nekoliko sati kako biste poboljšali okuse i teksture.
d) Sljedeći dan izvadite posudu iz hladnjaka. Prelijte zobene pahuljice dodatnim mini sljezom, komadićima čokolade i komadićima graham krekera za dodatni užitak.

12. S'Mores Palačinka s

SASTOJCI:
- Smjesa za palačinke po izboru
- jaja
- Mlijeko
- Voda
- 1 žlica maslaca
- ½ kace bijelog sljeza
- 4 graham krekera
- 1 šalica komadića čokolade
- 3-4 marshmallowa za ukras

UPUTE:

a) Započnite s pripremom smjese za palačinke prema uputama na pakiranju. Kako biste osigurali odgovarajuću konzistenciju, dodajte još nekoliko žlica mlijeka da malo razrijedite tijesto. Ovaj korak je ključan, pogotovo jer ćete u smjesu uključiti zdrobljene graham krekere. Težite rjeđoj konzistenciji kako biste izbjegli pregusto tijesto.

b) Kad dobijete razrijeđeno tijesto, zgužvajte 3-4 graham krekera i nježno ih umiješajte u tijesto za palačinke. Ovo vašim palačinkama dodaje divnu teksturu i klasični okus graham krekera.

c) Pecite palačinke kao i obično na tavi namazanoj maslacem, okrećući ih kada primijetite da se stvaraju mali mjehurići. Nakon što ste ispekli svaku palačinku, prelijte je 2 žlice marshmallow paperja i pospite komadićima čokolade.

d) Nastavite slagati palačinke s marshmallow paperjem i čokoladom između svakog graham krekera. Za dodatni dodir, ukrasite hrpu dodatnim kolačićima od marshmallowa i pospite prašinom od graham krekera.

e) Vaše S'Mores palačinke sada su spremne za uživanje. Međutim, ako imate kulinarsku baklju, razmislite o tome da malo prepečete marshmallow paperje prije posluživanja za onaj neodoljivi dodir inspiriran logorskom vatrom.

13. S'Mores Zdjela za smoothie od čokoladne granole

SASTOJCI:
- 2 šalice jogurta od vanilije
- 1 ¼ šalice granole od zobi i tamne čokolade
- 1 ¼ šalice mini marshmallowa
- 1 ¼ šalice komadića mliječne čokolade
- 2 žlice čokoladnog sirupa
- 1 ¼ šalice žitarica

UPUTE:
a) Dvije zdjelice za posluživanje napunite jogurtom od vanilije.
b) Svaku zdjelu stavite na vrh zobi i granole od tamne čokolade.
c) Dodajte mini marshmallow kolačiće i komadiće mliječne čokolade u svaku zdjelu.
d) Svaku porciju prelijte čokoladnim sirupom.
e) Neposredno prije posluživanja po vrhu pospite žitarice.
f) Poslužite S'Mores Chocolate Granola Smoothie Bowl hladnu i uživajte u ovom divnom obroku ili užini u bilo koje vrijeme!

14. S'Mores Burrito za doručak

SASTOJCI:
- 2 tortilje od cjelovitog zrna pšenice
- 2 žlice maslaca od badema
- 1 banana, narezana na ploške
- 2 žlice malih komadića čokolade
- 2 žlice zdrobljenih graham krekera
- Mini marshmallows za preljev

UPUTE:
g) Svaku tortilju premažite maslacem od badema.
h) Stavite kriške banane, male komadiće čokolade i zgnječene graham krekere na jednu tortilju.
i) Na vrh stavite mini sljez i poklopite drugom tortiljom.
j) Zagrijte u tavi dok tortilja ne postane zlatna, a nadjev gnjecav.
k) Narežite i uživajte u svom S'Mores burritu za doručak!

GLICASE I PREDJELA

15. Banoffee S'Mores zalogaji

SASTOJCI:
- Graham krekeri, razlomljeni na kvadrate
- Kriške zrele banane
- Marshmallows, prepečeni
- Kvadratići mliječne čokolade
- Toffee umak za prelijevanje

UPUTE:
a) Stavite krišku banane na kvadrat graham krekera.
b) Prepecite marshmallow i stavite ga na vrh banane.
c) Dodajte kvadratić mliječne čokolade i pokapajte toffee umakom. Na vrh stavite još jedan četvrtasti kreker.

16. Hershey's S'Mores vruće kakao bombe

SASTOJCI:
- 3 šalice otopljene kore badema od bijele čokolade
- 1 ½ šalice vruće mješavine kakaa - podijeljeno
- Mini marshmallows - 5 za svaku bombu - 30 ukupno
- 1 šalica čokolade - otopljene - za vrhunsku dekoraciju
- Mini Marshmallows - tostirani - za vrhunsku dekoraciju.
- 1 omot Graham krekera - polovice
- 3 Hershey's čokoladice - izlomljene na komadiće

UPUTE:
a) Stavite koru badema od bijele čokolade u zdjelu prikladnu za mikrovalnu pećnicu i stavite je u mikrovalnu pećnicu u intervalima od 15 sekundi dok se čokolada ne otopi. Između intervala promiješajte.

b) Žlicom stavljajte bijelu čokoladu u kalup, toliko da dno i stranice prekrije debeli sloj čokolade. Pustite na sobnoj temperaturi oko 30 minuta, a zatim u hladnjaku još 30 minuta da se čokolada potpuno stegne.

c) Izvadite iz hladnjaka i napunite polovicu kalupa s ¼ šalice mješavine vrućeg kakaa i mini marshmallowa.

d) Izvadite drugu polovicu čokolade iz kalupa, nježno zagrijte rubove u maloj neprianjajućoj tavi ili na ringli da se rub čokolade jedva otopi, i zalijepite vrh kalupa za dno kalupa, zatvorivši ih otopljenu čokoladu.

e) Ponovno stavite u hladnjak na 30 minuta, da se čokolada stegne.

f) Izvadite čokoladnu bombu iz hladnjaka, pokapajte otopljenu čokoladu preko S'Mores Hot Cocoa Bombs, stavite komadić čokolade na vrh, a na vrh stavite 3 mini pržena marshmallowa.

g) Stavite komadić čokolade na vrh Graham Cracker kvadrata i zalijepite dva komada zajedno. Stavite još jednu žlicu čokolade na čokoladu i zalijepite toplu kakao bombu na vrh.

h) Za posluživanje ubacite vruće mlijeko i pustite da se otopi, promiješajte i uživajte!

17. Godiva S'Mores

SASTOJCI:
- GODIVA keksi od tamne ili mliječne čokolade
- Veliki marshmallows

UPUTE:
a) Pecite marshmallow na ražnju na otvorenoj vatri dok se ne počne širiti i postane prekrasan zlatno smeđi.
b) Postavite pečeni marshmallow između dva GODIVA čokoladna biskvita, pazeći da čokoladna strana bude okrenuta prema unutra.
c) Uživajte u svojoj slasnoj poslastici dok je još topla.

18. s'Mores zalogaji pereca

SASTOJCI:

- 100 komada pereca (četvrtastih pereca)
- 25 komada marshmallowa pravilne veličine, prerezanih na pola
- 8 unci poluslatke čokolade koja se topi (također tamna je u redu)
- 3 lista graham krekera, fino zgnječena ili samljevena

UPUTE:

a) Stavite rešetku za pečenje u sredinu pećnice i zagrijte je na 350°F.
b) Lim za pečenje obložite silikonskom podlogom za pečenje ili papirom za pečenje.
c) Rasporedite pedeset pereca u jednom sloju na lim za pečenje, ostavljajući oko 2" razmaka između svakog pereca.
d) Na svaki perec stavite pola marshmallowa.
e) Stavite lim za pečenje u pećnicu i pecite dok marshmallows ne počnu rumeniti. Vrijeme pečenja može varirati, ali pažljivo promatrajte oko 10 minuta.
f) Izvadite perece iz pećnice i na svaki stavite drugi perec, ostavite ih da se ohlade nekoliko minuta.
g) Rastopite čokoladu prema uputama na pakiranju.
h) Umočite svaki marshmallow perec u čokoladu otprilike do pola i stavite na obložen lim za pečenje.
i) Pospite zdrobljene mrvice graham krekera preko svakog zalogaja pereca dok je čokolada još mokra.

19.Kutija za ručak S'Mores Bars

SASTOJCI:
- 2 šalice mrvica graham krekera
- ½ šalice neslanog maslaca, otopljenog
- ¼ šalice granuliranog šećera
- 2 šalice mini marshmallowa
- 2 šalice komadića mliječne čokolade
- ½ šalice kondenziranog mlijeka
- 1 žličica ekstrakta vanilije

UPUTE:
a) Zagrijte pećnicu na 350°F (175°C). Namastite ili obložite pleh veličine 9x9 inča papirom za pečenje.
b) U zdjeli pomiješajte mrvice graham krekera, otopljeni maslac i granulirani šećer. Miješajte dok smjesa ne nalikuje grubim mrvicama i dobro se sjedini.
c) Smjesu graham krekera ravnomjerno utisnite u dno pripremljene posude za pečenje, stvarajući čvrstu i kompaktnu koricu.
d) Ravnomjerno pospite mini marshmallow kolačiće preko kore graham krekera. Zatim po marshmallow kolačićima pospite komadiće čokolade.
e) U maloj zdjeli pomiješajte kondenzirano mlijeko i ekstrakt vanilije dok se dobro ne sjedine. Pokapajte mješavinu kondenziranog mlijeka preko marshmallow kolačića i komadića čokolade, osiguravajući ravnomjernu pokrivenost.
f) Stavite pleh u prethodno zagrijanu pećnicu i pecite oko 25-30 minuta, ili dok marshmallows ne dobije zlatnosmeđu boju, a čokolada se otopi i postane mjehurićasta.
g) Izvadite pleh iz pećnice i ostavite da se potpuno ohladi. Nakon što se ohlade, pažljivo izvadite štanglice iz kalupa pomoću papira za pečenje i stavite ih na dasku za rezanje. Izrežite na kvadrate ili šipke željene veličine.
h) Poslužite i uživajte

20. Nutella Smores

SASTOJCI:
- 4 cijela graham krekera, razlomljena na dvije četvrtaste polovice
- 2 žlice Nutelle
- 2 žlice marshmallow kreme

UPUTE:
a) Na četiri polovice graham krekera stavite pola žličice namaza od lješnjaka, a na preostale 3 polovice krekera pola žličice marshmallow kreme.
b) Sada uzmite jednu polovicu marshmallowa i jednu polovicu namaza od lješnjaka i pritisnite zajedno.
c) Učinite to za sve krekere kako biste dobili više kompleta i poslužili.

21.S'Moresov miks za zabavu

SASTOJCI:

- 3 šalice Golden Graham žitarica
- 2 šalice mini marshmallowa
- 1 šalica komadića čokolade
- 1 šalica Teddy Grahams
- ¼ šalice maslaca, otopljenog
- ¼ šalice smeđeg šećera
- 1 žličica ekstrakta vanilije
- ½ žličice soli

UPUTE:

a) Zagrijte pećnicu na 350°F (175°C).
b) U velikoj zdjeli pomiješajte Golden Grahams, mini marshmallows, komadiće čokolade i Teddy Grahams.
c) U loncu otopite maslac na srednje jakoj vatri.
d) Dodajte smeđi šećer i miješajte dok se dobro ne sjedini.
e) Maknite s vatre i umiješajte ekstrakt vanilije i sol.
f) Prelijte smjesu preko smjese žitarica i miješajte dok se sve ravnomjerno ne rasporedi.
g) Smjesu rasporedite u lim za pečenje i pecite 8-10 minuta.
h) Neka se ohladi prije posluživanja.

22. s'Mores na roštilju

SASTOJCI:
- Šaka bombona od crne čokolade
- Šačica M i M
- Šaka šalica maslaca od kikirikija
- Šaka Graham krekera
- Šaka čokolade
- Šaka marshmallowa

UPUTE:
a) Zagrijte roštilj na srednju razinu.
b) Na ravnu površinu stavite komad folije veličine 10 x 12 inča.
c) Izmrvite graham kreker i stavite ga na foliju.
d) Stavite odabrani slatkiš na graham kreker, a zatim ga na vrh stavite marshmallow po svom izboru.
e) Lagano zamotajte u foliju i pospite preostalim mrvicama graham krekera.
f) Zagrijte 2 do 3 minute na roštilju ili dok se marshmallow ne otopi.

23.S'Mores šalica Brownie

SASTOJCI:
- 2 žlice neslanog maslaca, otopljenog
- 2 žlice granuliranog šećera
- 2 žlice pakiranog smeđeg šećera
- 2 žlice nezaslađenog kakaa u prahu
- ¼ žličice ekstrakta vanilije
- Prstohvat soli
- ¼ šalice višenamjenskog brašna
- 2 žlice mrvica graham krekera
- 2 žlice komadića čokolade
- Mini marshmallows, za preljev

UPUTE:
a) U šalici prikladnoj za mikrovalnu pjenasto izmiješajte otopljeni maslac, granulirani šećer, smeđi šećer, kakao prah, ekstrakt vanilije i sol.
b) Dodajte brašno i miješajte dok se dobro ne sjedini.
c) Umiješajte mrvice graham krekera i komadiće čokolade.
d) Pecite šalicu u mikrovalnoj pećnici na visokoj razini 45-60 sekundi ili dok kolačić ne postane stvrdnut oko rubova, ali lagano gnjecav u sredini.
e) Izvadite iz mikrovalne pećnice i nadjenite mini marshmallow kolače. Kuhinjskim plamenikom prepecite marshmallow kolačiće dok ne porumene ili stavite šalicu ispod pečenja na par sekundi.
f) Pustite da se ohladi minutu ili dvije prije uživanja. Budite oprezni jer će marshmallows biti vruć i gnjecav!

24.Snickers S'Mores

SASTOJCI:
- Graham krekeri
- Bijeli sljez
- Snickers pločice

UPUTE:
a) Prelomite graham kreker na pola i na jednu od polovica stavite komadić Snickers pločice.
b) Pecite marshmallow na logorskoj vatri ili koristite kuhinjsku baklju dok ne postigne željenu razinu pečenja.
c) Stavite tostirani marshmallow na Snickers pločicu.
d) Sendvič s marshmallowom i Snickersom s drugom polovicom graham krekera.
e) Ponovite postupak da napravite još Snickers S'Mores.

25. Zalogaji bijelog sljeza od slatkog krumpira

SASTOJCI:
- 4 slatki krumpir, oguljen i narezan na ploške
- 2 žlice otopljenog biljnog maslaca
- 1 žličica javorovog sirupa
- Košer soli
- Vrećica marshmallowa od 10 unci
- ½ šalice polovica pekan oraha

UPUTE:
a) Zagrijte pećnicu na 400 stupnjeva Fahrenheita.
b) Ulijte slatki krumpir s otopljenim biljnim maslacem i javorovim sirupom na lim za pečenje i posložite ga u ravnomjernom sloju. Posolite i popaprite.
c) Pecite dok ne omekša, oko 20 minuta, preokrenite na pola. Ukloniti.
d) Prelijte svaki krug batata sljezom i pecite 5 minuta .
e) Poslužite odmah s polovicom pekan oraha na vrhu svakog marshmallowa.

26. Rocky Road Bites

SASTOJCI:
- 350 g komadića čokolade
- 30 g maslaca
- 397 g konzerviranog kondenziranog zaslađenog mlijeka
- 365 g suho-prženog kikirikija
- 500 g bijelog sljeza, nasjeckanog

UPUTE:
a) Lim veličine 9x13 inča obložite masnim papirom.
b) U zdjelu prikladnu za mikrovalnu pećnicu stavite čokoladu i maslac dok se ne otope.
c) Povremeno promiješajte dok čokolada ne postane glatka. Umiješajte kondenzirano mlijeko.
d) Kombinirajte kikiriki i marshmallows; umiješajte u čokoladnu smjesu.
e) Izlijte u pripremljen lim i ohladite dok se ne stegne. Izrežite na kvadrate.

27. Iznenađenje od pečenih slatkiša od jabuka

SASTOJCI:
- 4 crvene jabuke, očišćene do pola i oguljene
- ⅓ dolje od prvih 16 vrućih bombona
- 8 minijaturnih marshmallowa

UPUTE:
a) Dodajte jabuke u vatrostalnu posudu prikladnu za mikrovalnu pećnicu.
b) Stavite bombon, a zatim marshmallow u sredinu svake jabuke.
c) Pokrijte posudu plastičnom folijom ili voštanim papirom.
d) Pecite u mikrovalnoj pećnici 7 minuta.
e) Dodajte još jedan sloj bombona i marshmallowa.
f) Poklopite i ponovno kuhajte 5 minuta.

28. s'Mores na roštilju

SASTOJCI:
- Šaka bombona od crne čokolade
- Šačica M i M
- Šaka šalica maslaca od kikirikija
- Šaka Graham krekera
- Šaka čokolade
- Šaka marshmallowa

UPUTE:
g) Zagrijte roštilj na srednju razinu.
h) Na ravnu površinu stavite komad folije veličine 10 x 12 inča.
i) Izmrvite graham kreker i stavite ga na foliju.
j) Stavite odabrani slatkiš na graham kreker, a zatim ga na vrh stavite marshmallow po svom izboru.
k) Lagano zamotajte u foliju i pospite preostalim mrvicama graham krekera.
l) Zagrijte 2 do 3 minute na roštilju ili dok se marshmallow ne otopi.

29. Ohlađena voćna poslastica

SASTOJCI:
- Pakiranje od 18 unci ohlađenog tijesta za šećerne kolačiće
- 7 unci staklenke marshmallow kreme
- Pakiranje od 8 unci krem sira, omekšalog

UPUTE:
a) Postavite pećnicu na 350 stupnjeva F prije bilo čega drugog.
b) Stavite tijesto na srednji lim za pečenje debljine oko ¼ inča.
c) Sve kuhajte u pećnici oko 10 minuta.
d) Izvadite sve iz pećnice i ostavite sa strane da se ohladi.
e) U zdjeli pomiješajte krem sir i marshmallow kremu.
f) Smjesu krem sira rasporedite preko kore i ostavite u hladnjaku da se ohladi prije posluživanja.

30. Banana Brod

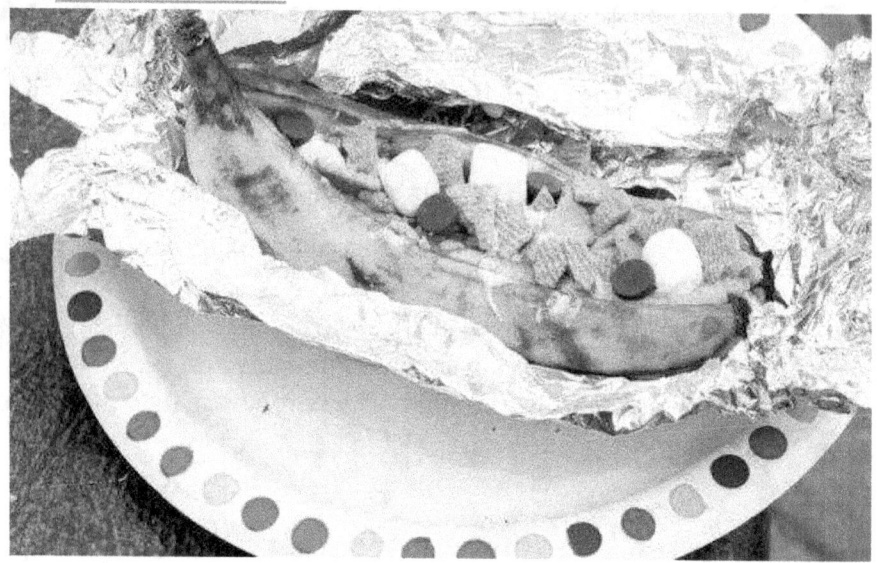

SASTOJCI:
- 1 banana
- Grožđice
- Mini marshmallows
- smeđi šećer
- Čokoladni čips

UPUTE:
a) Bananu djelomično ogulite. Izrežite bananu u obliku klina. Uklonite klin.
b) Stavite u udubljenje: marshmallows, komadiće čokolade i grožđice,
c) Lagano pospite smeđim šećerom.
d) Smjesu pokriti korom od banane i zamotati u foliju.
e) Stavite u ugljen oko 5 minuta, dok se čokolada i marshmallows ne otope.

31. Chocolate Marshmallow Blondies

SASTOJCI:
- ¾ šalice bijelog rižinog brašna
- ½ šalice krumpirovog škroba
- ½ šalice praha arrowroota
- ½ žličice ksantanske gume
- 1 žlica nezaslađenog kakaa u prahu
- 1 žličica praška za pecivo
- ½ žličice soli
- ½ šalice neslanog omekšalog maslaca
- ¾ šalice bijelog šećera
- ¾ šalice svijetlosmeđeg šećera, pakirano
- 2 velika jaja
- 2 žličice ekstrakta vanilije
- 1 šalica mini marshmallowa
- ½ šalice malih komadića čokolade

UPUTE:
a) Zagrijte pećnicu na 180C / 350F i namastite tepsiju veličine 9x13 inča.
b) Pomiješajte rižino brašno, arrowroot prah, kukuruzni škrob, kakao prah, ksantan gumu, prašak za pecivo i sol u posudi za miješanje.
c) U zasebnu zdjelu dodajte šećer i maslac i miksajte dok ne postane pjenasto i svijetlo.
d) Dodajte jaja i ekstrakt vanilije i tucite dok smjesa ne postane glatka.
e) Umutite suhe sastojke u malim obrocima dok smjesa ne bude glatka i dobro spojena.
f) Ubacite komadiće čokolade i marshmallows, a zatim rasporedite tijesto u pripremljenu posudu.
g) Pecite 25 do 28 minuta dok se blondies ne stvrdnu.
h) Pustite da se blondies potpuno ohlade prije rezanja na štanglice.

32. Rođendanski posipi Poslastice od riže Krispies

SASTOJCI:
- 5 šalica rižinih krispiesa
- 3 žlice maslaca
- 4 šalice-PUFFED Miniature Marshmallows
- Prstohvat soli
- 1 žličica ekstrakta vanilije
- ½ šalice posipa
- 2 žlice neutralnog ulja
- 1½ šalice bijele čokolade
- Plava gel kapljica

UPUTE:
a) Pošpricajte posudu za pečenje veličine 8x8 inča sprejom za kuhanje i stavite je sa strane.
b) U velikom loncu otopite maslac, ekstrakt vanilije i sol na laganoj vatri. Dodajte marshmallows i miješajte dok se ne otopi i postane glatko.
c) Maknite s vatre i umiješajte Rice Krispies i ½ šalice posipa. Miješajte dok se dobro ne prekrije.
d) Poprskajte veliku lopaticu sprejom za kuhanje i njome ravnomjerno utisnite smjesu u pripremljenu posudu.
e) Za izradu preljeva od bijele čokolade: Otopite bijelu čokoladu s ¼ šalice kondenziranog mlijeka u srednje velikoj tavi na laganoj vatri. Nakon što se otopi, dodajte 1 ili 2 kapi plave prehrambene boje, ovisno o tome koliko intenzivnu boju želite. prelijte Rice Krispies.

33.B keksi s marshmallowom

SASTOJCI:
- ½ šalice maslaca
- 1 ½ šalice mrvica graham krekera
- Limenka od 14 unci zaslađenog kondenziranog mlijeka
- 2 šalice poluslatkih komadića čokolade
- 1 šalica čipsa od maslaca od kikirikija ½ šalice bombona

UPUTE:
a) Zagrijte pećnicu na 325 stupnjeva F.
b) Stavite maslac u posudu za pečenje veličine 9 x 13 inča i stavite u pećnicu dok se maslac ne otopi.
c) Izvadite posudu iz pećnice i ravnomjerno rasporedite otopljeni maslac po dnu.
d) Ravnomjerno pospite mrvice graham krekera preko otopljenog maslaca; zaslađeno kondenzirano mlijeko ravnomjerno prelijte preko mrvica.
e) Vrh s komadićima čokolade i komadićima maslaca od kikirikija; čvrsto pritisnite.
f) Pecite 25 do 30 minuta, dok ne porumeni.
g) Izvadite iz pećnice; odmah pospite candy cornom i nježno utisnite bombone u neizrezane štanglice. Ohladiti pa rezati na štanglice.

34.Kokice od brusnice

SASTOJCI:
- 3 unce kuhanih kokica za mikrovalnu
- ¾ šalice komadića bijele čokolade
- ¾ šalice zaslađenih suhih brusnica
- ½ šalice zaslađenog kokosa u listićima
- ½ šalice narezanih badema, grubo nasjeckanih
- 10 unci marshmallowa
- 3 žlice maslaca

UPUTE:
a) Obložite tepsiju veličine 13"x9" aluminijskom folijom; poprskajte neljepljivim sprejom za povrće i ostavite sa strane. U velikoj zdjeli pomiješajte kokice, komadiće čokolade, brusnice, kokos i bademe; Staviti na stranu. U loncu na srednje jakoj vatri miješajte marshmallows i maslac dok se ne otope i postanu glatki.

b) Prelijte smjesu za kokice i promiješajte da se potpuno prekrije; brzo prebacite u pripremljenu posudu.

c) Položite list voštanog papira preko vrha; čvrsto pritisnite. Ohladite 30 minuta ili dok se ne stegne. Podignite šipke iz posude, koristeći foliju kao ručke; skinite foliju i voštani papir. Narežite na štanglice; ohladite dodatnih 30 minuta.

35. Corny hrskave poslastice od riže

SASTOJCI:
- ½ šalice maslaca
- 9 šalica mini marshmallowa
- 10 šalica hrskavih rižinih pahuljica
- 1 šalica bombona
- 1 šalica indijskog bombona
- ¾ šalice mini poluslatkih komadića čokolade
- 2 kapi žute i 1 kap crvene prehrambene boje
- 20 bombonskih bundeva

UPUTE:
a) Otopite zajedno maslac i marshmallows u velikom loncu na srednjoj vatri; miješajte dok ne postane glatko. U velikoj zdjeli pomiješajte žitarice, bombone i komadiće čokolade.
b) Umiješajte prehrambenu boju u marshmallow smjesu, dodajte još boje ako je potrebno da postignete željenu nijansu narančaste. Dodajte mješavinu sljeza u smjesu žitarica; brzo promiješajte da se sjedini.
c) Raširite u maslacem namazanu tepsiju veličine 13"x9"; pritisnite maslacem namazanim rukama. Dok su još tople, pritisnite bundeve na razmaku od 1-½ do 2 inča.
d) Stavite u hladnjak na jedan sat, ili dok se ne stegne; izrezati na kvadrate. Da biste napravili tanje poslastice, upotrijebite posudu za pečenje želea veličine 15"x10".

36. Kuglice za kokice Candy Corn

SASTOJCI:
- 8 šalica pečenih kokica
- 1 šalica bombona
- ¼ šalice maslaca
- ¼ žličice soli
- 10 unci pakiranje. marshmallows

UPUTE:
a) Pomiješajte kokice i bombone u velikoj zdjeli; Staviti na stranu. Otopite maslac u velikom loncu na srednjoj vatri; umiješajte sol i marshmallows.
b) Smanjite vatru na nisku i kuhajte uz često miješanje 7 minuta ili dok se marshmallows ne otopi i smjesa postane glatka.
c) Prelijte preko smjese za kokice, miješajući da se prekrije. Lagano premažite ruke sprejom za povrće i oblikujte smjesu za kokice u kuglice od 4 inča.
d) Kuglice pojedinačno zamotajte u celofan, po želji.

37.Puffs od sljeza

SASTOJCI:
- 1 tuba polumjesec rolata
- 8 marshmallowa
- 3 žlice maslaca, otopljenog
- 3 žlice šećera
- 1 žličica cimeta

UPUTE:
a) Zagrijte pećnicu na 375 stupnjeva F. Podmažite 8 kalupa za muffine.
b) U manjoj zdjelici otopite maslac.
c) U drugoj maloj posudi pomiješajte cimet i šećer.
d) Uvaljajte marshmallow u otopljeni maslac; zatim uvaljati u smjesu cimeta i šećera. Zamotajte u trokut u obliku polumjeseca, pazite da čvrsto zatvorite.
e) Stavite ih u pripremljenu posudu. Pecite 8-10 minuta dok ne porumene.

38. S'Mores Wontons

SASTOJCI:
- Wonton omoti
- ½ šalice mini marshmallowa
- ¼ šalice komadića čokolade
- ¼ šalice zdrobljenih graham krekera
- 1 jaje, tučeno
- Biljno ulje za prženje

UPUTE:
a) Stavite malu žlicu mini marshmallowa, komadića čokolade i zdrobljenih graham krekera na svaki wonton omot.
b) Rubove wonton omota navlažite vodom, presavijte na pola i pritisnite da se zatvori.
c) Svaki wonton umočite u razmućeno jaje i stavite u vruće ulje.
d) Pržite wontons 2-3 minute sa svake strane, ili dok ne porumene.

39. S'Mores Dip

SASTOJCI:
- 1 šalica komadića čokolade
- 1 šalica mini marshmallowa
- Graham krekeri za umakanje

UPUTE:
a) Zagrijte pećnicu na 350°F (175°C).
b) U posudu pogodnu za pećnicu poslažite komadiće čokolade.
c) Na vrh stavite mini marshmallow.
d) Pecite dok marshmallows ne porumeni.
e) Poslužite s graham krekerima za divan S'Mores umak.

40.S'Mores Trail Mix

SASTOJCI:
- 1 šalica mini marshmallowa
- 1 šalica komadića čokolade
- 1 šalica graham krekera od žitarica
- 1 šalica badema ili miješanih orašastih plodova

UPUTE:
a) Pomiješajte mini marshmallows, komadiće čokolade, graham kreker žitarice i orašaste plodove.
b) Podijelite u vrećice veličine užine.
c) Uživajte u ovoj prijenosnoj i ukusnoj mješavini za stazu S'Mores.

41.S'Mores punjene jagode

SASTOJCI:
- Svježe jagode
- Čokoladni čips
- Mini marshmallows
- Zdrobljeni graham krekeri

UPUTE:
a) Izdubite jagode.
b) Svaku jagodu napunite komadićima čokolade i mini marshmallow kolačićima.
c) Po vrhu pospite zdrobljene graham krekere.
d) Ohladite prije posluživanja ovih S'Mores užitaka veličine zalogaja.

42. S'Mores kokice

SASTOJCI:
- 8 šalica pečenih kokica
- 1 šalica mini marshmallowa
- 1 šalica komadića čokolade
- 1 šalica komadića graham krekera

UPUTE:
a) Pomiješajte kokice, mini marshmallows, komadiće čokolade i komadiće graham krekera.
b) Rasporedite po plehu.
c) Pecite na 350°F (175°C) dok se marshmallows ne otopi.
d) Ohladite i razbijte u grozdove za poslasticu od kokica inspiriranu S'Moresom.

43.S'Mores Energy Bites

SASTOJCI:
- 1 šalica valjane zobi
- ½ šalice maslaca od badema
- ⅓ šalice meda ili javorovog sirupa
- ½ šalice malih komadića čokolade
- ½ šalice zdrobljenih graham krekera
- ½ šalice mini marshmallowa

UPUTE:
a) Pomiješajte zobene zobene pahuljice, bademov maslac, med ili javorov sirup, komadiće čokolade, zdrobljene graham krekere i mini marshmallow kolačiće.
b) Oblikujte kuglice veličine zalogaja.
c) Ohladite u hladnjaku dok se ne stegne.
d) Grickajte ove energetske zalogaje za poslasticu inspiriranu S'Moresom.

44.S'Mores kuglica od sira

SASTOJCI:
- 8 unci krem sira, omekšalog
- ½ šalice šećera u prahu
- ¼ šalice kakaa u prahu
- 1 šalica malih komadića čokolade
- 1 šalica zdrobljenih graham krekera
- Mini marshmallows za premazivanje

UPUTE:
a) U zdjeli pomiješajte krem sir, šećer u prahu i kakao prah dok ne postane glatko.
b) Ubacite male komadiće čokolade i zdrobljene graham krekere.
c) Smjesu oblikujte u kuglu.
d) Kuglicu sira uvaljajte u mini marshmallow kolače dok ne budu premazane.
e) Poslužite s graham krekerima ili perecima za slatki i sirasti S'Mores umak.

45. S'Mores čokoladna kora

SASTOJCI:
- 12 unci tamne čokolade, nasjeckane
- 1 šalica mini marshmallowa
- 1 šalica zdrobljenih graham krekera
- ½ šalice nasjeckanih orašastih plodova (po želji)

UPUTE:
a) Tamnu čokoladu otopite na pari ili u mikrovalnoj pećnici.
b) Lim za pečenje obložite papirom za pečenje.
c) Otopljenu čokoladu izlijte na papir za pečenje i rasporedite u ravnomjeran sloj.
d) Pospite mini marshmallows, zdrobljene graham krekere i nasjeckane orahe po čokoladi.
e) Stavite u hladnjak dok se čokolada ne stegne, a zatim je izlomite na komadiće.

46.S'Mores pločice s kolačićima

SASTOJCI:
- 1 šalica neslanog maslaca, omekšalog
- 1 šalica granuliranog šećera
- 1 šalica smeđeg šećera
- 2 velika jaja
- 1 žličica ekstrakta vanilije
- 3 šalice višenamjenskog brašna
- 1 žličica sode bikarbone
- ½ žličice soli
- 1 šalica komadića čokolade
- 1 šalica mini marshmallowa
- 1 šalica zdrobljenih graham krekera

UPUTE:
a) Zagrijte pećnicu na 350°F (175°C) i namastite lim za pečenje.
b) U velikoj zdjeli pomiješajte omekšali maslac, granulirani šećer i smeđi šećer.
c) Umutite jedno po jedno jaje, zatim umiješajte ekstrakt vanilije.
d) U posebnoj zdjeli pomiješajte brašno, sodu bikarbonu i sol. Dodajte mokrim sastojcima i miješajte dok se ne sjedine.
e) Ubacite komadiće čokolade, mini marshmallow kolačiće i zdrobljene graham krekere.
f) Ravnomjerno rasporedite tijesto za kekse u pripremljenu tepsiju.
g) Pecite 25-30 minuta ili dok rubovi ne porumene.
h) Ohladiti prije rezanja na štanglice.

47. S'Mores poslastice od riže Krispie

SASTOJCI:
- 6 šalica žitarica Rice Krispies
- ¼ šalice neslanog maslaca
- 1 paket (10 unci) mini sljeza
- 1 šalica zdrobljenih graham krekera
- 1 šalica komadića čokolade

UPUTE:
a) U većem loncu otopite maslac na laganoj vatri.
b) Dodajte mini marshmallows i miješajte dok se potpuno ne otopi.
c) Maknite s vatre i umiješajte žitarice Rice Krispies.
d) Pola smjese utisnite u podmazan pleh.
e) Po vrhu pospite zdrobljene graham krekere i komadiće čokolade.
f) Pritisnite preostalu smjesu Rice Krispie preko nadjeva.
g) Ostavite da se ohladi prije rezanja na kvadrate.

48. S'Mores pizza

SASTOJCI:
- tijesto za pizzu
- Maslinovo ulje
- Mozzarella sir, nasjeckan
- Kuhana piletina, nasjeckana
- Narezani crveni luk
- BBQ umak
- Mini marshmallows

UPUTE:
a) Zagrijte pećnicu prema uputama za tijesto za pizzu.
b) Razvaljajte tijesto za pizzu i premažite maslinovim uljem.
c) Na tijesto rasporedite sloj naribanog mozzarella sira.
d) Dodajte nasjeckanu kuhanu piletinu i narezani crveni luk te prelijte BBQ umakom.
e) Na vrh stavite mini marshmallow.
f) Pecite dok korica ne porumeni i dok se sir ne otopi.
g) Narežite i uživajte u slanoj S'Mores pizzi.

SENDVIČI I ZAMOTCI

49. Sir na žaru inspiriran S'Moresom

SASTOJCI:
- Kriške kruha od kiselog tijesta
- Oštre kriške cheddar sira
- Kuhane trakice slanine
- Narezane rajčice
- Maslac

UPUTE:
a) Premažite maslacem jednu stranu svake kriške kruha od kiselog tijesta.
b) Na stranu koja nije premazana maslacem naslagati oštar cheddar sir, kuhanu slaninu i narezane rajčice.
c) Povrh stavite drugu krišku kruha od dizanog tijesta, maslacem prema van.
d) Pecite na tavi dok kruh ne porumeni, a sir se ne otopi.
e) Poslužite svoj slani S'Mores sir na žaru vruć.

50.S'Mores Quesadilla

SASTOJCI:
- 2 tortilje od cjelovitog zrna pšenice
- 2 žlice maslaca od kikirikija
- ½ banane, narezane na kriške
- 2 žlice malih komadića čokolade
- 2 žlice mini sljeza

UPUTE:
a) Namažite maslacem od kikirikija jednu stranu svake tortilje.
b) Na jednu tortilju stavite kriške banane, male komadiće čokolade i mini marshmallow kolačiće.
c) Na vrh stavite drugu tortilju, stranom s maslacem od kikirikija prema dolje.
d) Pecite u tavi dok obje strane ne porumene i dok se nadjevi ne otope.
e) Narežite i uživajte u svojoj S'Mores quesadilli.

51. Burger inspiriran S'Moresom

SASTOJCI:
- Polpete od mljevene junetine ili biljnog podrijetla
- Peciva za hamburger
- Kriške švicarskog sira
- Pirjane gljive
- Hrskave trakice slanine
- BBQ umak

UPUTE:
a) Pleskavice pecite na roštilju po svom ukusu.
b) Pecivo za hamburger prepecite na roštilju.
c) Na svaku pljeskavicu stavite krišku švicarskog sira da se otopi.
d) Složite pljeskavice s pirjanim gljivama i hrskavom slaninom.
e) Prelijte BBQ umakom za taj zaokret inspiriran S'Moresom.

GLAVNO JELO

52. Tepsija od bijelog sljeza od slatkog krumpira

SASTOJCI:
- 4 ½ funte slatkog krumpira
- 1 šalica granuliranog šećera
- ½ šalice veganskog omekšalog maslaca
- ¼ šalice biljnog mlijeka
- 1 žličica ekstrakta vanilije
- ¼ žličice soli
- 1 ¼ šalice kukuruznih pahuljica, zdrobljenih
- ¼ šalice nasjeckanih pekan oraha
- 1 žlica smeđeg šećera
- 1 žlica veganskog maslaca, otopljenog
- 1½ šalice minijaturnog marshmallowa

UPUTE:
a) Zagrijte pećnicu na 425 stupnjeva Fahrenheita.
b) Pecite slatki krumpir 1 sat ili dok ne omekša.
c) Prerežite slatki krumpir na pola i izvadite unutrašnjost u posudu za miješanje.
d) Pomoću električne miješalice izmiksajte pire od slatkog krumpira, granulirani šećer i sljedećih 5 sastojaka dok ne postane glatko.
e) Žlicom stavite smjesu krumpira u namašćenu posudu za pečenje veličine 11 x 7 inča.
f) U zdjeli za miješanje pomiješajte kukuruzne pahuljice i sljedeća tri sastojka.
g) Pospite u dijagonalne redove udaljene 2 inča po jelu.
h) Pecite 30 min.
i) Između redova kukuruznih pahuljica posipajte marshmallows; pecite 10 minuta.

53. Pet šalica voćne salate

SASTOJCI:
- 1 1 unca limenka mandarina, ocijeđenih
- 13½ unce limenke ananasa, ocijeđene
- ½ šalice soka od ananasa
- 1½ šalice minijaturnog marshmallowa
- 2 šalice kiselog vrhnja
- 3½ unce Kokos u lističima
- 1 šalica grožđa/višanja za ukras

UPUTE:
a) Pomiješajte sve sastojke osim ukrasa i ostavite na hladnom nekoliko sati ili preko noći.
b) Poslužite na šalicama zelene salate ukrašene grožđem ili višnjama.

54. Smrznuta voćna salata

SASTOJCI:
- 1 omotnica želatine bez okusa
- ½ šalice kipuće vode
- 16 unci Može voćni koktel u sirupu
- ½ šalice majoneze ili Miracle Whip
- 2½ šalice tučenog slatkog vrhnja

UPUTE:
a) Ubacite ¾ šalice marshmallowa u isto vrijeme kad i šlag, ako želite
b) Otopite želatinu u kipućoj vodi. Malo ohladite, a zatim umiješajte voćni koktel i majonezu. Stavite u hladnjak na 10 minuta. Umiješajte šlag.
c) Izlijte u manji kalup za kruh ili posudu za pečenje i zamrznite. Narežite ili izrežite na kvadrate i poslužite na zelenoj salati.
d) Ohladite nekoliko sati.

55.Voćna salata od naranče

SASTOJCI:
- 2 šalice kipuće vode razdijeljene
- 3 unce želea od limuna
- 2 šalice kockica leda, podijeljene
- 3 unce želea od naranče
- 20 unci zdrobljenog ananasa
- 2 šalice min. marshmallows
- 3 velike banane narezane na ploške
- ½ šalice fino nasjeckanog cheddar sira
- 1 šalica rezerviranog soka od ananasa
- ½ šalice šećera
- Jaje, tučeno
- 1 žlica Oleo
- 1 šalica vrhnja za šlag
- 2 žlice kukuruznog škroba

UPUTE:
a) Izlijte u kalup za pečenje 13"x9"x2". Ostavite u hladnjaku dok se ne stegne. Ponovite s želeom od naranče, s preostalim ledom i vodom.
b) Umiješajte marshmallows. Prelijte sloj limuna; ohladite dok se ne stegne. Za preljev pomiješajte sok od ananasa, šećerno jaje, kukuruzni škrob i maslac u tavi. Kuhajte na srednjoj vatri uz stalno miješanje dok se ne zgusne.
c) Pokrijte i stavite u hladnjak preko noći. Sljedeći dan preko želea posložite banane sa šlagom.
d) Preljev sjediniti sa šlagom; namazati preko banana, posuti sirom.

56. Dječja voćna salata

SASTOJCI:
- 17 unci Može voćni koktel, ocijeđen
- 1½ šalice minijaturnog marshmallowa
- 2 srednje banane, narezane na kriške
- 1 srednja jabuka, grubo nasjeckana
- 2 žlice   soka od limuna
- ¼ šalice Maraschino višanja, prepolovljenih
- 1½ šalice Ohladite šlag

UPUTE:
a) Narezane jabuke i banane promiješajte u soku od limuna da ne potamne
b) U velikoj zdjeli pomiješajte sve sastojke osim hladnog šlaga. Lagano umiješajte hladan šlag. Pokriti; ohladite do posluživanja.
c) Djeca kopaju po ovome - misle da je to cool bič koji ih zanima.

DESERT

57.Pound kolač S'Mores na žaru

SASTOJCI:
- 1 šalica poluslatkih komadića čokolade
- 10,75 unce smrznuti kolač od kilograma, odmrznut
- 1 šalica marshmallow kreme
- Sladoled od vanilije

UPUTE:
a) Prerežite tortu vodoravno na tri sloja.
b) Rasporedite ½ šalice marshmallow kreme i ½ zalogaja preko donjeg sloja na veliki list čvrste folije.
c) Kako biste osigurali sigurno brtvljenje, preklapajte rubove folije.
d) Pecite 7-20 minuta na laganoj vatri bez poklopca.

58.S'Mores torta od šalice

SASTOJCI:
- 4 žlice višenamjenskog brašna
- 2 žlice granuliranog šećera
- 2 žlice nezaslađenog kakaa u prahu
- ⅛ žličice praška za pecivo
- ⅛ žličice soli
- 3 žlice mlijeka
- 2 žlice biljnog ulja
- ¼ žličice ekstrakta vanilije
- 2 žlice mini sljeza
- 1 žlica komadića čokolade
- 1 graham kreker, zgnječen

UPUTE:
a) U šalici prikladnoj za mikrovalnu pomiješajte brašno, šećer, kakao prah, prašak za pecivo i sol.
b) Dodajte mlijeko, biljno ulje i ekstrakt vanilije u šalicu. Miješajte dok smjesa ne postane glatka.
c) Pospite mini marshmallow kolačiće i komadiće čokolade po tijestu.
d) Stavite šalicu u mikrovalnu na najjaču 1 minutu i 30 sekundi ili dok kolač ne naraste i ne stane u sredinu.
e) Izvadite šalicu iz mikrovalne pećnice i po vrhu pospite zdrobljeni graham kreker.
f) Ostavite tortu da se ohladi nekoliko minuta prije uživanja u njoj.

59. Baileys s'Mores

SASTOJCI:
- 100 ml Baileys Original Irish krema
- 100 g izmrvljenog digestiva ili peciva
- 100 g mini sljeza
- 120 g marshmallowa
- 100 ml čokoladnog umaka
- Puhalo za kraj

UPUTE:
a) Dodajte izmrvljeno pecivo na dno staklenke. Ulupajte marshmallows.
b) Čokoladni preljev zagrijte i ulijte u staklenke.
c) Dodajte još malo čokoladnog preljeva.
d) Pospite na mini marshmallows.
e) Prelijte Baileys preko vaše kreacije.
f) Sada tostirajte marshmallows s plamenikom dok se ne otopi i postane ukusan.

60.S'Mores lazanje

SASTOJCI:

- 1 ½ šalice mrvica graham krekera
- 6 žlica neslanog maslaca, otopljenog
- 8 unci krem sira, omekšalog
- ½ šalice šećera u prahu
- 1 žličica ekstrakta vanilije
- 1 šalica gustog vrhnja
- 1 šalica mini marshmallowa
- 1 šalica komadića čokolade
- Zdrobljeni graham krekeri i tostirani marshmallows za ukras

UPUTE:

a) U zdjeli pomiješajte mrvice graham krekera i otopljeni maslac dok se dobro ne sjedine.
b) Utisnite smjesu od mrvica na dno podmazane posude za pečenje 9x13 inča kako biste oblikovali koricu.
c) U drugoj zdjeli izmiksajte krem sir, šećer u prahu i ekstrakt vanilije dok ne postane glatko.
d) U posebnoj zdjeli umutite vrhnje dok se ne formiraju čvrsti vrhovi.
e) Nježno umiješajte tučeno vrhnje u smjesu od krem sira dok se dobro ne sjedini.
f) Polovicu smjese krem sira rasporedite preko kore graham krekera u posudi za pečenje.
g) Po sloju krem sira ravnomjerno pospite mini marshmallows i komadiće čokolade.
h) Ponovite slojeve s preostalom smjesom krem sira, mini marshmallow kolačićima i komadićima čokolade.
i) Gornji sloj pospite mljevenim graham krekerima.
j) Pecite u prethodno zagrijanoj pećnici na 350°F (175°C) oko 15-20 minuta, ili dok marshmallows ne postane zlatan i gnjecav.
k) Izvadite iz pećnice i ostavite da se malo ohladi.
l) Prije posluživanja ukrasite tostiranim marshmallow kolačićima.
m) Poslužite toplo ili ohlađeno.

61.Banana i Biscoff S'Mores Galettes

SASTOJCI:
ZA GALETTE TIJESTO:
- 1 ¼ šalice višenamjenskog brašna
- 1 žlica granuliranog šećera
- ¼ žličice soli
- ½ šalice neslanog maslaca, hladnog i narezanog na male kockice
- 3-4 žlice ledene vode

ZA NADJEV:
- 2 zrele banane, narezane na ploške
- ½ šalice Biscoff namaza (ili Speculoos namaza)
- ½ šalice mini marshmallowa
- 1 žlica granuliranog šećera, za posipanje

ZA POSLUŽIVANJE:
- Šlag ili sladoled od vanilije (po želji)

UPUTE:

a) U zdjeli za miješanje pomiješajte brašno, šećer i sol za tijesto za galete. Dodajte hladni maslac narezan na kockice i vršcima prstiju ili rezačem za tijesto izrežite maslac u smjesu brašna dok ne postane nalik na grube mrvice.
b) Postupno dodajte ledenu vodu, 1 žlicu po žlicu, i miješajte dok se tijesto ne sjedini. Tijesto oblikujte u disk, zamotajte u plastičnu foliju i stavite u hladnjak na najmanje 30 minuta.
c) Zagrijte pećnicu na 375°F (190°C). Lim za pečenje obložite papirom za pečenje.
d) Na lagano pobrašnjenoj površini razvaljajte ohlađeno tijesto za galete u grubi krug, debljine oko ⅛ inča. Razvaljano tijesto prebacite na pripremljeni lim za pečenje.
e) Nanesite Biscoff namaz na sredinu tijesta za galette, ostavljajući rub oko rubova. Na Biscoff namaz posložite narezane banane.
f) Mini marshmallows ravnomjerno pospite preko banana. Savijte rubove tijesta za galette prema unutra, lagano preklapajući nadjev.
g) Preklopljene rubove tijesta za galette pospite šećerom u prahu.
h) Pecite u prethodno zagrijanoj pećnici oko 20-25 minuta, ili dok galeta ne porumeni, a nadjev postane mjehurić.
i) Izvadite galette iz pećnice i ostavite da se ohlade nekoliko minuta prije posluživanja.
j) Poslužite toplu galettu takvu kakva jest ili s malo tučenog vrhnja ili kuglicom sladoleda od vanilije za dodatni užitak.

62. Carnation Marshmallow Fudge

SASTOJCI:

- 2 žlice maslaca ili margarina
- ⅔ šalice nerazrijeđenog evaporiranog mlijeka
- 1½ šalice granuliranog šećera
- ¼ žličice soli
- 2 šalice minijaturnog marshmallowa
- 1½ šalice poluslatkih čokoladnih zalogaja
- 1 žličica ekstrakta vanilije
- ½ šalice sjeckanih oraha ili oraha

UPUTE:

a) Maslac četvrtasta posuda od 8 inča.
b) U tavi pomiješajte maslac, evaporirano mlijeko, šećer i sol.
c) Zakuhajte uz stalno miješanje.
d) Kuhajte 4 do 5 minuta uz stalno miješanje i maknite s vatre.
e) Umiješajte marshmallows, zalogaje, vaniliju i orahe.
f) Snažno miješajte 1 minutu ili dok se marshmallows potpuno ne otopi.
g) Izliti u tepsiju. Ohladite i izrežite na kvadrate. Savjet Za gušći kolač upotrijebite kalup za kruh veličine 7x5 inča.

63.Kolač Funfetti

SASTOJCI:
- 1 pakiranje Vlažna žuta smjesa za kolače
- 1 pakiranje Mješavina za instant puding od vanilije
- 4 jaja
- 1 šalica Voda
- ½ šalice Crisco ulje
- 1 šalica Poluslatki komadići mini čokolade
- 1 šalica Obojeni mini-marshmallows
- ⅔ šalice Čokoladna glazura za tortu
- 2 žlice Poluslatki komadići mini čokolade

UPUTE:
a) Zagrijte pećnicu na 350 stupnjeva Fahrenheita.
b) Maslac i brašno u tepsiju 13x9x2 inča.

NAPRAVITI TORTU
c) Električnom miješalicom izmiješajte smjesu za kolače, smjesu za puding, jaja, vodu i ulje
d) Umiješajte mikro komadiće čokolade, a zatim sve izlijte u pleh.
e) Pecite 45 minuta na 350 stupnjeva F.

ZA PRELJEV
f) Po vrućem kolaču odmah ravnomjerno pospite marshmallows. Zdjelu prikladnu za mikrovalnu pećnicu do pola napunite glazurom.
g) Stavite u mikrovalnu 25-30 sekundi na JAKU.
h) Miješajte dok smjesa ne postane potpuno glatka.
i) Prelijte marshmallows i ravnomjerno ispecite.
j) Na vrh dodajte 2 žlice komadića čokolade.
k) Ostavite da se potpuno ohladi.

64. Pound kolač S'Mores na žaru

SASTOJCI:
- 1 šalica poluslatkih komadića čokolade
- 10,75 unce smrznuti kolač od kilograma, odmrznut
- 1 šalica marshmallow kreme
- Sladoled od vanilije

UPUTE:
e) Prerežite tortu vodoravno na tri sloja.
f) Rasporedite ½ šalice marshmallow kreme i ½ zalogaja preko donjeg sloja na veliki list čvrste folije.
g) Kako biste osigurali sigurno brtvljenje, preklapajte rubove folije.
h) Pecite 7-20 minuta na laganoj vatri bez poklopca.

65. kukuruzne pahuljice Kolačići od sljeza

SASTOJCI:
- 16 žlica maslaca
- 1¼ šalice granuliranog šećera
- ¼ šalice svijetlo smeđeg šećera
- 1 jaje
- ½ žličice ekstrakta vanilije
- 1½ šalice brašna
- ½ žličice praška za pecivo
- ¼ žličice sode bikarbone
- 1¼ žličice košer soli
- 3 šalice Cornflake Cruncha
- ¼ šalice malih komadića čokolade
- 1¼ šalice mini marshmallowa

UPUTE:
a) Pomiješajte maslac i šećere u zdjeli samostojećeg miksera opremljenog nastavkom s lopaticom i vrhnje zajedno na srednje jakoj temperaturi 2 do 3 minute. Ostružite stijenke zdjele, dodajte jaje i vaniliju i tucite 7 do 8 minuta.
b) Smanjite brzinu miksera na najmanju i dodajte brašno, prašak za pecivo, sodu bikarbonu i sol. Mijesite samo dok se tijesto ne sjedini, ne duže od 1 minute.
c) Lopaticom ostružite stijenke zdjele.
d) Ipak, pri maloj brzini, ubacite kornflake crunch i male komadiće čokolade samo dok se ne sjedine, ne više od 30 do 45 sekundi.
e) Ubacite mini marshmallows dok se ne sjedini.
f) Koristeći žlicu za sladoled od 2¾ unce, razdijelite tijesto na pleh obložen papirom za pečenje. Poravnajte vrhove kupola tijesta za kekse. Tepsiju čvrsto zamotajte u plastičnu foliju i stavite u hladnjak na najmanje 1 sat ili najviše 1 tjedan.
g) Zagrijte pećnicu na 375°F.
h) Rasporedite ohlađeno tijesto najmanje 4 inča jedno od drugog na lim obložen pergamentom ili silpatom. Pecite 18 minuta. Kolačići će se napuhnuti, pucketati i raširiti se.
i) Nakon 18 minuta kolačići bi trebali biti smeđi na rubovima i tek početi rumeniti prema sredini.
j) Ostavite ih u pećnici još minutu ili više ako nisu i još uvijek izgledaju blijedo i tijesto na površini.
k) Ohladite kolačiće u potpunosti na limovima prije nego ih prebacite na tanjur ili hermetički zatvorenu posudu za pohranu. Na sobnoj temperaturi kolačići će ostati svježi 5 dana; u zamrzivaču će stajati 1 mjesec.

66.pita skakavac

SASTOJCI:
- 1 porcija Brownie pite, pripremljene kroz korak 8
- 1 porcija nadjeva od sira od mente
- 20 g mini čokoladnih komadića [2 žlice]
- 25 g mini marshmallowa [½ šalice]
- 1 porcija Glazura od mente, topla

UPUTE:
a) Zagrijte pećnicu na 350°F.
b) Uzmite lim i na njega stavite kalup za pitu od graham kore. Ulijte nadjev za tortu od sira od mente u školjku. Na vrh izlijte tijesto za brownie. Vrškom noža vrtite tijesto i nadjev od mente, dražeći tragove nadjeva od mente kako bi se vidjeli kroz tijesto za kolače.
c) Pospite male komadiće čokolade u mali prsten u sredini pite, ostavljajući središte u obliku mela prazno. Pospite mini marshmallows u kolut oko prstena čokoladnih komadića.
d) Pecite pitu 25 minuta. Trebalo bi se malo napuhnuti na rubovima, ali još uvijek biti drhtavo u sredini. Mini komadići čokolade izgledat će kao da se počinju topiti, a mini marshmallows bi trebao biti ravnomjerno tamnjen. Ostavite pitu u pećnici još 3 do 4 minute ako to nije slučaj.
e) Pitu potpuno ohladite prije nego je završite.
f) Provjerite je li vaša glazura još topla na dodir. Zabodite zupce vilice u toplu glazuru, a zatim objesite vilicu oko 1 inč iznad središta pite u obliku mela.
g) Prebacite pitu u hladnjak da se glazura od mente stegne prije posluživanja—što će se dogoditi čim se ohladi, otprilike 15 minuta. Umotana u plastiku, pita će ostati svježa u hladnjaku do 1 tjedna ili u zamrzivaču do 2 tjedna.

67.Torta od čokoladnog slada

SASTOJCI:
- 1 porcija čokoladne torte
- 1 porcija Ovaltine Soak
- 1 porcija malt fudge umaka, toplog
- ½ porcije Malted Milk Crumb
- 1 porcija pougljenjenog bijelog sljeza

UPUTE:

a) Stavite komad pergamenta ili Silpat na pult. Preokrenite tortu na nju i skinite pergament ili Silpat s dna torte. Upotrijebite obruč za tortu kako biste izrezali 2 kruga iz torte. Ovo su vaša gornja 2 sloja torte. Preostali "otpaci" kolača spojit će se kako bi napravili donji sloj kolača.

DNO

b) Očistite obruč za tortu i stavite ga u sredinu kalupa obloženog čistim papirom za pečenje ili silpatom. Upotrijebite 1 traku acetata za oblaganje unutarnje strane obruča za tortu.
c) Stavite ostatke kolača unutar prstena i nadlanicom ih zbijete u ravnomjeran sloj.
d) Umočite četku za tijesto u Ovaltine natopljenu posudu i dobro i zdravo okupajte sloj kolača s pola namakane količine.
e) Stražnjom stranom žlice premažite jednu petinu sladnog umaka u ravnomjernom sloju po kolaču.
f) Polovicu mliječnih mrvica od slada i jednu trećinu pougljenjenog marshmallowa ravnomjerno pospite umakom od sladnog pudera. Upotrijebite nadlanicu da ih učvrstite na mjestu.
g) Stražnjom stranom žlice rasporedite još jednu petinu sladnog umaka što je ravnomjernije moguće preko mrvica i marshmallowa.

SREDINA

h) Svojim kažiprstom nježno ugurajte drugu traku acetata između prstena za kolače i gornjeg ¼ inča prve trake acetata, tako da imate prozirni prsten od acetata visok 5 do 6 inča—dovoljno visok da izdrži visinu gotov kolač. Postavite okrugli kolač na vrh umaka i ponovite postupak za sloj 1.

VRH

i) Preostali krug kolača ulijepite u umak. Pokrijte vrh torte s preostalim umakom od fudgea. Budući da se radi o umaku, a ne o glazuri, ovdje nemate drugog izbora nego napraviti sjajan, savršeno ravan vrh. Ukrasite preostalim pougljenim sljezom.
j) Prebacite lim u zamrzivač i zamrznite na minimalno 12 sati da se kolač i nadjev stegne. Kolač će u zamrzivaču stajati do 2 tjedna.
k) Najmanje 3 sata prije nego što budete spremni poslužiti tortu, izvucite lim iz zamrzivača i prstima i palčevima izvadite tortu iz obruča za tortu. Nježno skinite acetat i tortu prebacite na pladanj ili stalak za tortu. Ostavite da se odledi u hladnjaku minimalno 3 sata.
l) Kolač narežite na kriške i poslužite.

68.Charleston Cobblestone sladoled

SASTOJCI:
- 1 ½ unce nezaslađene pečene čokolade
- 1 šalica pola-pola
- ⅓ šalice granuliranog šećera
- 1 šalica vrhnja za šlag
- 6 žumanjaka
- ⅓ šalice granuliranog šećera
- ¼ šalice neslanog omekšalog maslaca
- 1 žličica ekstrakta vanilije
- 1 šalica minijaturnog marshmallowa
- 1 šalica prženih, nasjeckanih badema
- 1 šalica grožđica
- 1 šalica minijaturnih komadića čokolade

UPUTE:
a) U malom loncu na laganoj vatri otopiti čokoladu s pola i pola. Miješajte dok ne postane glatko. Staviti na stranu.
b) U srednje velikoj tavi pomiješajte ⅓ šalice šećera i vrhnja i na srednje jakoj vatri tucite žumanjke i drugu ⅓ šalice šećera dok ne posvijetle i dobiju boju limuna. Temperirajte smjesu žumanjaka umiješajući otprilike polovicu vrlo vruće smjese vrhnja. Ulijte smjesu jaja u lonac i nastavite kuhati dok se ne zgusne.
c) Maknite s vatre i umiješajte omekšali maslac i ekstrakt vanilije. Dodajte čokoladnu smjesu i miješajte dok ne postane sasvim glatka i dobro izmiješana. Ostavite da se ohladi, a zatim ohladite.
d) Prije mućkanja dodajte marshmallows, bademe, grožđice i čips.

69.Čokoladni sljez sladoled

SASTOJCI:
- ½ šalice poluslatkih komadića čokolade
- ½ šalice plus ⅔ šalice gustog vrhnja
- ¼ šalice vode
- 8 marshmallowa, izrezati

UPUTE:
a) Pomiješajte komadiće čokolade, ½ šalice vrhnja, vodu i marshmallows u tavi od 2 litre. Kuhajte i miješajte na laganoj vatri dok se čokolada i marshmallows ne otope. Maknite s vatre; temeljito ohladiti.
b) Umutite ⅔ šalice vrhnja dok ne postane čvrst. Umiješajte u hladnu čokoladnu smjesu dok se dobro ne sjedini. Zamrznite u posudi za led; nemojte miješati.

70.Sladoled od ogrozda i sljeza

SASTOJCI:
- 12 velikih bijelih marshmallowa
- ¾ šalice evaporiranog mlijeka
- 1 funta svježih ili smrznutih ogrozda
- ⅓ šalice granuliranog šećera
- ⅔ šalice tučenog vrhnja
- ¼ šalice svijetlog kukuruznog sirupa

UPUTE:
a) Otopite marshmallows s evaporiranim mlijekom u zdjeli stavljenoj iznad posude s toplom vodom, miješajući dok ne postane glatka. U loncu kuhajte polovicu ogrozda u 2 žlice vode na laganoj vatri oko 5 minuta ili dok kožica ne popuca i voće ne omekša. Umiješajte šećer, pa procijedite. Neka se ohladi.
b) Umiješajte šlag i ulijte u posudu. Pokrijte i zamrznite dok se ne stegne.
c) Napravite umak kuhanjem preostalih ogrozda s kukuruznim sirupom i 2 žlice vode u poklopljenoj posudi na laganoj vatri dok voće ne omekša. Procijedite kroz cjedilo i ostavite sa strane.
d) Otprilike 45 minuta prije posluživanja sladoled prebacite u hladnjak. Neposredno prije posluživanja, po potrebi lagano zagrijte umak. Između makarona stavljajte žlicom sladoled i prelijte umakom.

71.Rocky Road Ice Cream

SASTOJCI:

- ⅓ šalice super finog šećera
- 2 šalice punomasnog mlijeka, ohlađenog
- ¼ šalice nezaslađenog kakaa u prahu
- ½ mliječne čokolade, izlomljene
- 2 žličice čistog ekstrakta vanilije
- 1 šalica vrhnja, tučenog i ohlađenog
- 1 šalica mini marshmallowa
- ½ šalice miješanih grubo nasjeckanih pekan oraha i narezanih badema

UPUTE:

a) Zagrijte šećer u tavi s polovicom mlijeka, kakaom u prahu i čokoladom, povremeno miješajući. Kada se čokolada potpuno otopi i smjesa dobro sjedini, ostaviti sa strane da se potpuno ohladi.

b) Kad se ohladi umiješajte vaniliju i ostatak mlijeka. Ovo postepeno umiješajte u šlag.

c) Ulijte u aparat za sladoled i obradite prema uputama. Kad je gotovo smrznut, stavite sladoled u posudu za zamrzavanje i brzo umiješajte marshmallow i orašaste plodove. Ako nemate aparat za sladoled, slijedite metodu ručnog miješanja i umiješajte marshmallow i orašaste plodove nakon što posljednji put umutite sladoled. Zamrznite 15 minuta prije posluživanja ili dok ne bude potrebno.

d) Čuvajte u zamrzivaču do 2 tjedna, ali izvadite 15 minuta prije posluživanja da omekša.

72.Ključni sladoled od limete

SASTOJCI:
- ¾ šalice granuliranog šećera
- 2 jaja
- ½ žličice naribane kore limete
- 1 šalica punomasnog mlijeka
- 1 šalica minijaturnog marshmallowa
- 1 šalica vrhnja za šlag
- ½ šalice ključnog soka od limete
- 3 kapi zelene prehrambene boje

UPUTE:
a) Pomiješajte jaja i šećer, dobro promiješajte. Dodajte koricu limete i mlijeko. Kuhajte na srednjoj vatri dok se malo ne zgusne. Maknite s vatre i dodajte marshmallows, miješajući dok se ne otopi. Cool
b) U ohlađenu smjesu dodajte sok Key limete i vrhnje za šlag.
c) Dodati prehrambene boje po želji. Zamrznite prema uputama proizvođača sladoleda.

73. S'Mores čašice za čokoladni mousse

SASTOJCI:
- 1 šalica mrvica graham krekera
- 2 žumanjka
- ¼ šalice šećera
- ½ šalice vrhnja za šlag
- ½ šalice čokolade
- ¾ šalice vrhnja za šlag

UPUTE:
a) Tucite žumanjke u maloj zdjeli električnom miješalicom velikom brzinom oko 3 minute ili dok ne postanu gusti i dobiju boju limuna. Postupno umiješajte šećer.
b) Zagrijte ½ šalice vrhnja za šlag u tavi od 2 litre na srednjoj vatri dok ne postane vruće. U smjesu od žumanjaka postupno umiješajte barem polovicu vrućeg vrhnja za šlag; ponovno umiješajte u vruću kremu u loncu. Kuhajte na laganoj vatri oko 3 minute uz stalno miješanje dok se smjesa ne zgusne.
c) Umiješajte komadiće čokolade dok se ne otopi. Pokrijte i ostavite u hladnjaku oko 2 sata, povremeno miješajući, samo dok se ne ohladi.
d) Istucite ¾ šalice vrhnja za šlag u ohlađenoj srednjoj posudi električnom miješalicom na velikoj brzini dok ne postane čvrst. Čokoladnu smjesu umiješajte u šlag.
e) Žlicom ili žlicom izlijte smjesu u zdjelice za posluživanje. Preostali desert nakon posluživanja odmah ohladite.
f) Prelijte marshmallow kremom i ogromnim marshmallow tostom.

74. Frankenstein Mug Torta

SASTOJCI:
ZA KOLAČIĆE:
- 200 g mekog maslaca
- 175 g zlatnog šećera
- 250 g samodizajućeg brašna
- 1 žličica praška za pecivo
- ¼ žličice soli
- 3 velika jaja
- ½ žličice ekstrakta vanilije
- 100 ml mlijeka

UKRASITI:
- 300 g šećera u prahu, prosijanog
- 2-3 žlice mlijeka
- zelena pasta za bojenje hrane
- 36 mini marshmallow kolačića, 12 prerezanih na pola, za oči

UPUTE:
a) Zagrijte pećnicu na 180C/160C ventilator/plin 4 i obložite kalup za muffine s 12 rupa dubokim kalupima za muffine. Miksajte maslac sa šećerom dok ne postane blijed i pjenast. Dodajte preostale sastojke za kolač i tucite dok ne postane glatko.

b) Žlicom stavljajte u kalupe za muffine i pecite 20 minuta ili dok ne poprime zlatnu boju i dok ražnjić umetnut u jedan od srednjih kolačića ne izađe čist. Ohladite 5 minuta u kalupu, a zatim potpuno na rešetki

c) Pomoću malog, oštrog nazubljenog noža izrežite polukružni komad torte s lijeve i desne strane svake torte, kako biste napravili stepenaste rubove, u ravnini s kutijom za kolače.

d) Zatim napravite rez po širini oko 3 cm od vrha torte, dubok oko 1 cm. Odrežite komad od 5 mm s površine kolača kako biste zadovoljili ovaj rez, kako biste napravili ravno, podignuto lice i istaknuto čelo. Ohladite 10 minuta da se mrvice stvrdnu

e) Pomiješajte šećer u prahu, mlijeko i zelenu boju da dobijete vrlo gustu glazuru koja polako teče sa žlice. Žlicom stavite 1 žlicu na kolač i pustite da se počne mazati sama preko izrezanog oblika. Olakšajte ga tu i tamo nožem za palete da ga obložite.

f) Dodajte sljezove zavrtnje i oči. Ponovite za svaki cupcake.

g) Ostavite da se stegne, zatim nanesite na lica i kosu

75. Spiderweb torta

SASTOJCI:
- Mješavina za čokoladne torte od 18,5 unce, pripremljeno tijesto
- 1 šalica mini marshmallowa
- Spremnik od 16 unci bijele glazure
- 4 kapi crvene prehrambene boje
- 4 kapi žute prehrambene boje
- 2 crna želea
- 1 tuba crnog gela za ukrašavanje ili 1 žica crnog sladića

UPUTE:
a) Zagrijte pećnicu na 350 stupnjeva F. Premažite dva kalupa za kolače od 8 inča sprejom za kuhanje. Ulijte tijesto za kolače u kalupe i pecite 28 do 30 minuta ili dok čačkalica zabodena u sredinu ne izađe čista.
b) Dok je još topla, preokrenite jednu tortu na pladanj za posluživanje. Na vrh stavite mini marshmallow kolačiće i stavite drugi sloj torte desnom stranom prema gore preko marshmallow kolačića. Pustite 5 minuta da se marshmallow otopi, a zatim ohladite dok se ne stegne.
c) U maloj posudi pomiješajte 1-¼ šalice bijele glazure s crvenom i žutom bojom za hranu dok glazura ne postane narančasta. Premažite vrh i strane torte glazurom.
d) Stavite preostalu bijelu glazuru u plastičnu vrećicu za pohranu koja se može zatvoriti. Odrežite vrlo mali vrh kuta vrećice i iscrtajte paukovu mrežu na vrhu torte.
e) Stavite crni žele na Spiderweb i nacrtajte noge crnim gelom ili ih oblikujte sladićem da izgledaju poput pauka.
f) Ponovite s preostalim želeom i gelom kako biste oblikovali drugog pauka.

76.Petominutni fudge

SASTOJCI:
- ⅔ kupa Ispareno mlijeko
- 1⅔ šalice Šećer
- ½ žličice soli
- 1½ šalice Bijeli sljez
- 1½ šalice Čokoladni čips
- 1 čajna žličica vanilija

UPUTE:
a) Pomiješajte mlijeko, šećer i sol u loncu na srednjoj vatri.
b) Pustite da zakipi i kuhajte 4-5 minuta uz stalno miješanje. Maknite s vatre.
c) Dodajte marshmallows, komadiće čokolade i vaniliju.
d) Snažno miješajte 1 minutu.
e) Izlijte u maslacem namazanu četvrtastu tepsiju od 8 inča.
f) Ohladite dok ne ispadne ili ne prska po tepsiji.
g) Dodajte ½ šalice nasjeckanih orašastih plodova prije nego što ih izlijete u tavu.

77.Pjena od uskršnjih jaja

SASTOJCI:
- 8 x 25 g čokolade
- 25 g maslaca
- 75g Freedom marshmallows
- 30 ml vode
- ½ žličice ekstrakta vanilije
- 140 ml duple kreme

UPUTE:
a) Otopite 3 čokoladice u zdjeli otpornoj na toplinu iznad posude s kipućom vodom.
b) Izvadite polovice jaja iz kalupa i vratite ih u hladnjak.
c) Stavite preostale čokoladice, maslac, marshmallows i vodu u malu posudu za umake.
d) Kuhajte na laganoj vatri i dobro miješajte dok smjesa ne bude glatke teksture. Maknite s vatre i ostavite da se ohladi.
e) Dodati ekstrakt vanilije u duplu kremu i mutiti dok se ne formiraju čvrsti vrhovi
f) Umućeni šlag nježno umiješajte u glatku čokoladnu smjesu i ravnomjerno podijelite u kalupe za uskršnja jaja.

78.S'Mores kolačići

SASTOJCI:
- 1 ¾ šalice višenamjenskog brašna
- 1 šalica granuliranog šećera
- ½ šalice nezaslađenog kakaa u prahu
- 1 žličica praška za pecivo
- ½ žličice sode bikarbone
- ½ žličice soli
- 2 velika jaja
- 1 šalica punomasnog mlijeka
- ½ šalice biljnog ulja
- 2 žličice ekstrakta vanilije
- 1 šalica mini marshmallowa
- 1 šalica zdrobljenih graham krekera
- 1 šalica komadića čokolade

UPUTE:
a) Zagrijte pećnicu na 350°F (175°C) i obložite kalup za muffine podlozima za kolače.
b) U velikoj zdjeli pomiješajte brašno, šećer, kakao prah, prašak za pecivo, sodu bikarbonu i sol.
c) U posebnoj zdjeli umutite jaja i dodajte mlijeko, biljno ulje i ekstrakt vanilije. Dobro promiješajte.
d) Pomiješajte mokre i suhe sastojke dok se ne sjedine.
e) Ubacite mini marshmallow kolačiće, zdrobljene graham krekere i komadiće čokolade.
f) Ulijte tijesto u kalupe za kolače i pecite 18-20 minuta ili dok čačkalica ne izađe čista.
g) Ostavite ih da se ohlade prije posluživanja.

79. Pumpkin S'Mores Cheesecake pločice

SASTOJCI:
ZA KORE:
- 1 ½ šalice zdrobljenih graham krekera
- 2 žlice granuliranog šećera
- 1 žličica začina od bundeve
- ¼ šalice maslaca, otopljenog

ZA NADJEV:
- 8 unci krem sira, omekšali
- ½ šalice smeđeg šećera
- 2 jaja
- 1 (15 unci) konzerva pirea od bundeve
- ⅓ šalice gustog vrhnja
- 1 žličica ekstrakta vanilije
- 1 žličica cimeta
- ½ žličice muškatnog oraščića

ZA CRUMBLE:
- ½ šalice graham krekera, izlomljenih na male komadiće
- ⅓ šalice smeđeg šećera
- ¼ šalice brašna
- ¼ žličice cimeta
- ½ šalice komadića čokolade (možete koristiti i komadiće čokolade)
- 1 šalica mini marshmallowa
- Krema od bijelog sljeza (po želji za pokapanje)

UPUTE:
a) Zagrijte pećnicu na 350 stupnjeva. Obložite pleh veličine 8" x 8" papirom za pečenje i ostavite sa strane. 2. Pripremite koru: U zdjeli pomiješajte graham krekere, šećer, začin od bundeve i otopljeni maslac dok se ne sjedine.
b) U kalupu 8" x 8" utisnite koru. Koru pecite u zagrijanoj pećnici 8 minuta. 4. Pripremite nadjev: U velikoj zdjeli električnom miješalicom pomiješajte krem sir i smeđi šećer 30 sekundi. Na maloj brzini polako dodajte jaja, pire od bundeve, vrhnje, ekstrakt vanilije, cimet i muškatni oraščić. Miksajte dok ne postane kremasto.
c) Na koru sipati fil.
d) Pecite u zagrijanoj pećnici 45 minuta.
e) Pripremite crumble: Pomiješajte izlomljene graham krekere, smeđi šećer, brašno, cimet, komadiće čokolade i mini marshmallow kolačiće.
f) Posipajte crumble preko štanglica bundeve i pecite još 10 minuta. * Pazite da marshmallows ne izgori *
g) Izvadite štanglice iz pećnice i ostavite da se ohlade na sobnoj temperaturi. Ohladite u hladnjaku 3 sata prije posluživanja.

80. S'Mores pita

SASTOJCI:
- 1 ½ šalice mrvica graham krekera
- ½ šalice neslanog maslaca, otopljenog
- ¼ šalice granuliranog šećera
- 1 ½ šalice komadića čokolade
- 1 šalica gustog vrhnja
- 1 šalica mini marshmallowa
- ½ šalice zdrobljenih graham krekera za preljev

UPUTE:
a) Zagrijte pećnicu na 350°F (175°C).
b) U zdjeli pomiješajte mrvice graham krekera, otopljeni maslac i šećer. Utisnite u posudu za pitu da napravite koru.
c) Koru pecite 10 minuta pa ostavite da se ohladi.
d) U loncu zagrijte vrhnje dok ne počne kuhati. Maknite s vatre i prelijte preko komadića čokolade, miješajući dok smjesa ne postane glatka.
e) U ohlađenu koru izliti čokoladnu smjesu.
f) Na vrh stavite mini marshmallows i pospite zdrobljenim graham krekerima.
g) Stavite ispod peke na 1-2 minute dok marshmallows ne porumeni.
h) Ostavite da se ohladi prije posluživanja.

81. S'Mores čašice za čokoladni mousse

SASTOJCI:
- 1 šalica mrvica graham krekera
- 2 žumanjka
- ¼ šalice šećera
- ½ šalice vrhnja za šlag
- ½ šalice čokolade
- ¾ šalice vrhnja za šlag

UPUTE:
g) Tucite žumanjke u maloj zdjeli električnom miješalicom velikom brzinom oko 3 minute ili dok ne postanu gusti i dobiju boju limuna. Postupno umiješajte šećer.
h) Zagrijte ½ šalice vrhnja za šlag u tavi od 2 litre na srednjoj vatri dok ne postane vruće. U smjesu od žumanjaka postupno umiješajte barem polovicu vrućeg vrhnja za šlag; ponovno umiješajte u vruću kremu u loncu. Kuhajte na laganoj vatri oko 3 minute uz stalno miješanje dok se smjesa ne zgusne.
i) Umiješajte komadiće čokolade dok se ne otopi. Pokrijte i ostavite u hladnjaku oko 2 sata, povremeno miješajući, samo dok se ne ohladi.
j) Istucite ¾ šalice vrhnja za šlag u ohlađenoj srednjoj posudi električnom miješalicom na velikoj brzini dok ne postane čvrst. Čokoladnu smjesu umiješajte u šlag.
k) Žlicom ili žlicom izlijte smjesu u zdjelice za posluživanje. Preostali desert nakon posluživanja odmah ohladite.
l) Prelijte marshmallow kremom i ogromnim marshmallow tostom.

82. S'Mores sladoledni sendviči

SASTOJCI:
- Graham krekeri (dovoljno za sendvič)
- Čokoladni sladoled
- Mini marshmallows
- Čokoladni komadići za motanje

UPUTE:
a) Uzmite graham kreker i zagrabite malu količinu čokoladnog sladoleda na njega.
b) Dodajte sloj mini marshmallowa i na vrh stavite još jedan graham kreker.
c) Rubove sladolednog sendviča uvaljajte u komadiće čokolade.
d) Ponovite za onoliko sendviča koliko želite.
e) Zamrznite dok se ne stegne i uživajte u S'Mores sladolednim sendvičima.

83. S'Mores sitnica

SASTOJCI:
- 2 šalice čokoladnog kolača, narezanog na kockice
- 1 šalica pudinga od čokolade
- 1 šalica šlaga
- 1 šalica mini marshmallowa
- 1 šalica zdrobljenih graham krekera
- Čokoladne strugotine za ukras

UPUTE:
a) U pojedinačne čaše za posluživanje na dno složite kocke čokoladne torte.
b) Dodajte sloj pudinga od čokolade, a zatim sloj šlaga.
c) Na vrh pospite mini marshmallows i zdrobljene graham krekere.
d) Ponovite slojeve.
e) Ukrasite strugotinama čokolade.
f) Ohladite prije posluživanja ove slatke S'Mores sitnice.

84.S'Mores kruh od banane

SASTOJCI:
- 2 zrele banane, zgnječene
- ½ šalice neslanog maslaca, otopljenog
- 1 žličica ekstrakta vanilije
- 1 šalica granuliranog šećera
- 2 velika jaja
- 1 ½ šalice višenamjenskog brašna
- 1 žličica sode bikarbone
- ½ žličice soli
- ½ šalice malih komadića čokolade
- ½ šalice zdrobljenih graham krekera
- ½ šalice mini marshmallowa

UPUTE:
a) Zagrijte pećnicu na 350°F (175°C) i namastite kalup za kruh.
b) U velikoj zdjeli pomiješajte zgnječene banane, otopljeni maslac i ekstrakt vanilije.
c) Dodajte šećer i jaja, miješajte dok se dobro ne sjedine.
d) U posebnoj zdjeli pomiješajte brašno, sodu bikarbonu i sol. Dodajte smjesi od banana i miješajte dok se ne sjedini.
e) Ubacite male komadiće čokolade, zdrobljene graham krekere i mini marshmallows kolačiće.
f) Ulijte tijesto u pripremljeni kalup za kruh.
g) Pecite 55-60 minuta ili dok čačkalica ne izađe čista.
h) Ohladite prije rezanja i uživanja u S'Mores kruhu od banane.

85.S'Mores mini torta od sira bez pečenja

SASTOJCI:

ZA KORE:
- 1 omot (9 kolačića, 135 grama) graham krekera
- 4 žlice (56 grama) neslanog maslaca, otopljenog
- Za kolač od sira:
- 4 unce (113 grama) poluslatke čokolade, otopljene i ohlađene
- 8 unci (227 grama) krem sira, na sobnoj temperaturi
- ½ šalice (100 grama) granuliranog šećera
- 1 žličica ekstrakta vanilije
- 1 šalica (237 grama) gustog vrhnja, na sobnoj temperaturi

ZA MARSHMALLOW PRELJEV:
- 2 bjelanjka
- ½ šalice (100 grama) granuliranog šećera
- ⅛ žličice kreme od zubnog kamenca
- ½ žličice ekstrakta vanilije
- 1 Hershey's bar, razbijen na komade

UPUTE:

NAPRAVITE KORE:
a) Šupljine kalupa za mini kolače od sira temeljito namastite neljepljivim sprejom za kuhanje. Graham krekere stavite u zdjelu procesora hrane i miksajte dok se ne samelju.
b) Dodajte otopljeni maslac i miješite dok ne postane vlažno.
c) Podijelite smjesu po šupljinama kalupa za tortu od sira, oko 1 ½ žlice u svaku. Čvrsto pritisnite na dno svake šupljine. Staviti na stranu.

NAPRAVITE CHEESECAKE:
d) U zdjeli električnog miksera tucite krem sir i šećer na srednjoj do visokoj brzini dok ne postanu svijetli i kremasti, oko 2 minute. Ostružite stranice i dno zdjele.
e) Dodajte vaniliju i vrhnje, tukući na niskoj razini dok se ne sjedine, zatim povećajte brzinu na srednje jaku dok se ne zgusne, oko 1-2 minute. Ostružite stranice i dno zdjele.
f) Ulijte ohlađenu otopljenu čokoladu i miješajte na laganoj vatri dok se potpuno ne sjedini. Ostružite stranice i dno zdjele.

g) Ravnomjerno rasporedite smjesu u svaku udubinu. Nekoliko puta lagano lupnite tavom o radnu površinu kako biste oslobodili mjehuriće zraka. Koristeći offset lopaticu, zagladite vrhove kolačića sa sirom. Pokrijte plastičnom folijom i stavite u hladnjak dok se ne stegne, najmanje 4 sata ili preko noći.

NAPRAVITE SLJEZOV PRELJEV:
h) U malu zdjelu otpornu na toplinu dodajte bjelanjke, šećer i tartar. Stavite zdjelu na lonac s kipućom vodom, pazeći da voda ne dodiruje zdjelu.
i) Neprestano mutite na srednjoj vatri dok se šećer ne otopi i bjelanjci ne budu topli na dodir, 2 do 3 minute.
j) Provjerite to tako da malo protrljate smjesu između prstiju da vidite možete li osjetiti zrnca šećera, pazeći da ne dodirnete dno posude.
k) Obrišite kondenzaciju s dna zdjele, zatim premjestite smjesu jaja u električni mikser opremljen nastavkom za mućenje.
l) Počnite tući na niskoj brzini, a zatim postupno povećavajte na veću, tukući dok se ne stvore čvrsti, sjajni vrhovi, oko 5 do 7 minuta. Dodajte vaniliju i tucite dok se ne sjedini.
m) Izvadite u vrećicu s ravnim otvorenim vrhom. Stavite kuglicu na svaki kolač od sira. Po želji kuhinjskim plamenikom lagano prepecite marshmallow preljev.
n) Ukrasite komadićem Hershey's bara. Vratite u hladnjak do posluživanja.
o) Torte od sira najbolje je poslužiti na dan kada su napravljene, ali se mogu čuvati u hermetički zatvorenoj posudi u hladnjaku do 2 dana.

86.S'Mores puding od riže

SASTOJCI:
- ½ šalice šećera
- ½ šalice nezaslađenog kakaa u prahu
- ¼ šalice kukuruznog škroba
- ⅛ žličice soli
- 4 šalice punomasnog mlijeka
- 1½ žličice ekstrakta vanilije
- 8 unci mliječne čokolade, nasjeckane
- 2 žlice neslanog maslaca
- 1 šalica grubo nasjeckanih graham krekera
- 12 do 18 velikih marshmallow komada

UPUTE:

a) Prosijte šećer, kakao prah, kukuruzni škrob i sol u srednje veliku zdjelu. Ako se čini da ima grudica, prosijte dok grudice ne nestanu. Suhe sastojke uspite u multicooker i umiješajte mlijeko, vaniliju i čokoladu. Multicooker stavite na program "bijela riža" i uz stalno miješanje stavite smjesu da prokuha. Kuhajte nepoklopljeno, dok se puding ne počne zgušnjavati, 3 do 5 minuta.

b) Izvadite zdjelu iz višenamjenskog kuhala. Radeći brzo, ulijte ili žlicom izlijte puding u šest ramekina od 4 unce ili šalica. Ostavite ih da se stegnu u hladnjaku, oko 2 sata. Pudinzi mogu biti poklopljeni i u hladnjaku do 2 dana.

c) Otopite maslac u srednjoj tavi na srednjoj vatri. Dodajte mrvice graham krekera i tostirajte 2 do 3 minute, ili samo dok ne porumene.

d) Za tostiranje marshmallowa, prethodno zagrijte brojler. Stavite marshmallows na lagano podmazan lim za pečenje i pecite ih 30 sekundi. Hvataljkama pažljivo preokrenite marshmallow kolačiće i pecite ih još 15 sekundi. Izvadite iz pećnice i ostavite sa strane. (Alternativno, možete ih tostirati na plinskom plameniku; pogledajte napomenu.)

e) Kada ste spremni za posluživanje pudinga, žlicom stavite otprilike 1 žlicu mrvica prženog graham krekera na vrh svake porcije. Stavite 2 ili 3 pržena marshmallowa na vrh graham krekera i odmah poslužite.

PIĆA

87. S'Mores topla čokolada

SASTOJCI:
- 2 šalice mlijeka
- 2 žlice kakaa u prahu
- 2 žlice šećera
- ¼ šalice komadića čokolade
- ¼ šalice mini marshmallowa
- Zdrobljeni graham krekeri za obrub (po izboru)
- Šlag za preljev

UPUTE:
a) U loncu zagrijte mlijeko na srednje jakoj vatri.
b) Umiješajte kakao prah i šećer dok se potpuno ne otopi.
c) Dodajte komadiće čokolade i miješajte dok se ne otopi.
d) Ulijte vruću čokoladu u šalice.
e) Na vrh stavite mini marshmallow i šlag.
f) Dodatno: obrubite šalicu zdrobljenim graham krekerima za dodatni S'Mores dodir.

88. S'Mores Milkshake

SASTOJCI:
- 2 žlice sirupa s okusom čokolade, plus još za ukrašavanje
- 10 marshmallowa
- 1 pola litre Rocky Road ili sladoled s komadićima čokolade
- ¾ šalice pola-pola
- 3 žlice marshmallow kreme
- 2 žlice mrvica graham krekera, plus još za ukrašavanje
- Šlag
- Pločica mliječne čokolade od 1 unce, prelomljena na pola
- prskalice (nije obavezno)

UPUTE:
a) Pokapajte unutrašnjost dvije čaše od 12 unci čokoladnim sirupom. Stavite u zamrzivač do upotrebe.
b) Stavite marshmallow na manji lim za pečenje. Pecite 4 do 5 inča od vrha dok se ne ispeče i ne porumeni, oko 1 minutu. Potpuno ohladiti. Ostavite sa strane 2 marshmallowa.
c) U međuvremenu namažite marshmallow créme na rubove hladnih čaša. Pospite s 2 žlice zdrobljenih graham krekera.
d) Pomiješajte preostalih 8 tostiranih marshmallowa, sladoled i pola-pola u blenderu.
e) Pokrijte i miješajte dok ne postane glatko. Podijelite između pripremljenih čaša.
f) Prelijte tučenim vrhnjem, dodatnim čokoladnim sirupom i graham krekerima, marshmallows kolačićima, čokoladom i posipom, po želji.

89. S'Mores ledena kava

SASTOJCI:
- 1 šalica kuhane kave, ohlađene
- ½ šalice mlijeka
- 2 žlice čokoladnog sirupa
- 2 žlice sirupa od bijelog sljeza
- Kocke leda
- Šlag za preljev
- Zdrobljeni graham krekeri za obrub (po izboru)

UPUTE:
a) U čaši pomiješajte ohlađenu skuhanu kavu, mlijeko, čokoladni sirup i marshmallow sirup.
b) Dobro promiješati.
c) Dodajte kockice leda u čašu.
d) Po želji: obrubite čašu zdrobljenim graham krekerima.
e) Prelijte vrhnjem za šlag i prelijte čokoladnim sirupom.

90. Tostirani s'More Martini

SASTOJCI:
- 1 unca tamne čokolade ili liker od mliječne čokolade
- ½ unce mljevene votke od bijelog sljeza
- ½ unce gustog vrhnja
- Hershey's čokoladni sirup i zdrobljeni graham kreker za rub
- marshmallows kao ukras
- mali bambusovi štapići

UPUTE:
a) Umočite rub čaše u Hershey sirup, a zatim u zdrobljeni graham kreker.
b) Čokoladni liker što sporije ulijevajte preko naopako okrenute žlice u čašu.
c) Pomiješajte vrhnje i marshmallow votku u zasebnoj posudi.
d) Prelijte smjesu votke što je sporije moguće preko naopako okrenute žlice kako bi izgledala slojevito.
e) Stavite marshmallow na štapić od bambusa kao ražanj.
f) Marshmallow malo zapržite na otvorenoj vatri.
g) Položite bambusov štapić na piće i zapalite marshmallow za efekt prije ispijanja. promiješajte piće i uživajte!

91. Baileys s'Mores

SASTOJCI:
- 100 ml Baileys Original Irish krema
- 100 g izmrvljenog digestiva ili peciva
- 100 g mini sljeza
- 120 g marshmallowa
- 100 ml čokoladnog umaka
- Puhalo za kraj

UPUTE:
g) Dodajte izmrvljeno pecivo na dno staklenke. Ulupajte marshmallows.
h) Čokoladni preljev zagrijte i ulijte u staklenke. Vjerojatno dodajte još malo čokoladnog umaka.
i) Pospite na mini marshmallows.
j) Prelijte Baileys preko vaše kreacije.
k) Sada tostirajte marshmallows s plamenikom dok se ne otopi i postane ukusan.

92. Ghost Busted koktel

SASTOJCI:
- Šećer, Rimming
- Bijeli sljez, očne jabučice
- ¼ šalice šećera
- ¼ žličice čistog ekstrakta vanilije
- 10 kapi prehrambene boje
- 1 veliki marshmallow
- 2 kapi prehrambene boje
- ½ šalice gustog vrhnja
- 2 žlice jednostavnog sirupa
- 1 unca votke
- 1 žličica čistog ekstrakta vanilije
- ¼ šalice gaziranog pića

UPUTE:
a) Za Rimming Sugar, pomiješajte šećer i vaniliju na malom tanjuru. Dodajte boju hrane; miksajte dok se šećer ne ujednači. Namočite rub čaše za piće vodom. Rub čaše umočite u crni šećer da ga malo prekrijete.
b) Za jabučice od marshmallowa, prerežite marshmallow poprečno na pola. Stavite 1 kap prehrambene boje na sredinu izrezane strane svake polovice marshmallowa.
c) Napunite koktel shaker do dvije trećine ledom. Dodajte vrhnje, jednostavan sirup, votku i vaniliju; protresite dok se dobro ne izmiješa i ohladi. Procijedite u obrubljenu čašu za piće. Prelijte gaziranim sokom. Ukrasite sljezovim očnim jabučicama. Poslužite odmah.

93. Milkshake od marshmallow kokica

SASTOJCI:
- 1 šalica punomasnog mlijeka
- ⅔ šalice kokica
- ½ šalice mini marshmallowa
- ⅔ šalice sladoleda od vanilije
- ¼ žličice soli

UPUTE:
a) Stavite kokice u blender i miksajte dok kokice ne postanu poput finih krušnih mrvica.
b) Zatim dodajte marshmallows, mlijeko i sladoled. Miješajte dok ne postane glatko.
c) Kušajte milkshake i prvo pogledajte kakav je okus bez dodane soli.
d) Zatim dodajte marshmallows, mlijeko i sladoled. Miješajte dok ne postane glatko.
e) Kušajte milkshake i prvo pogledajte kakav je okus bez dodane soli.

94.Blackberry Marshmallow Cream Soda

SASTOJCI:
- 1 doza kupinovog jednostavnog sirupa
- 1 čašica džina
- Soda voda
- 1 velika kuglica Marshmallow Fluffa

SLJEZOVA PAHICA
- 1 vrećica od 10 unci Dandies Mini Marshmallows
- Tekućina od 1 konzerve slanutka
- 1 žličica kokosovog ulja

UPUTE:

a) Napunite čašu ledom. Ulijte 1 dozu jednostavnog sirupa od kupina i dozu džina i promiješajte. Ostatak napunite sodom i na vrh stavite komad dlake od sljeza.

SLJEZOVA PAHICA

b) U samostojećem mikseru umutite aquafabu dok se ne formiraju pahuljasti vrhovi u meringue. U međuvremenu, u zdjeli prikladnoj za mikrovalnu pomiješajte kokosovo ulje i marshmallows. U intervalima od 30 sekundi, brzo miješajući svaki, stavite u mikrovalnu dok se marshmallows potpuno ne otopi.

c) Dodajte smjesu marshmallowa u samostojeći mikser s meringueom i miješajte dok ne postane glatka.

d) Čuvajte u hermetički zatvorenoj posudi u hladnjaku do 5 dana.

95. Koktel s breskvama i vrhnjem od đumbira

SASTOJCI:
- 1 unca burbona
- ½ unce rakije od breskve
- Đumbirovo pivo
- Bourbon-Brûléed Dandies Marshmallow, za ukras

UPUTE:
a) Napunite čašu ledom. Dodajte 1 čašicu burbona i ½ čašice rakije od breskve.
b) Prelijte ostatak čaše pivom od đumbira i promiješajte. Ukrasite Brûléed Dandies Marshmallow.
c) Sljez nataknite na ražanj, umočite u burbon i uvaljajte u šećer.
d) Kuhinjskim plamenikom ili plamenom iz plinskog štednjaka tostirajte marshmallow dok se šećer ne pretvori u zagorenu koricu.

96.Koktel pita od beze od limuna

SASTOJCI:
- 1 unca votke
- ½ unce amaretto likera
- 1 žlica jednostavnog sirupa
- 1 unca soka od limuna
- 1 kašika Marshmallow Fluffa
- Zdrobljeni Graham Cracker

UPUTE:
a) Napunite Martini shaker ledom. Dodajte jednostavan sirup, sok od limuna, votku i liker Amaretto.
b) Snažno protresite jednu minutu.
c) Umočite rub čaše za martini u limunov sok, a zatim u zgnječeni graham kreker.
d) Ulijte procijeđeni alkohol u čašu za martini i na vrh stavite komadić sljezovog praha.
e) Ako imate kuhinjsku lampu, zapalite pahuljice za dodatni štih.

97.Tekući koktel Smore

SASTOJCI:
- 1 čašica marshmallow votke
- 1 žlica čokoladnog sirupa ili likera
- 1 čašica Irish Cream
- 2 udarca pola i pola

UPUTE:
a) Ulijte čokoladni sirup u shaker za koktele.
b) Dodajte votku i Irish Cream.
c) Dodajte 1 udarac pola i pola.
d) Napunite shaker do kraja ledom i dobro protresite.
e) Ulijte u čašu za martini umočenu u vrhnje i zdrobljene graham krekere.
f) Na vrh stavite preostalu polovicu i polovicu.

98. Koktel od jagoda i bijelog sljeza

SASTOJCI:
- 8 bijelih marshmallowa
- 4 maline
- 1l sladoleda od jagode
- ½ šalice krem likera, ohlađenog
- ⅓ šalice votke, ohlađene
- 125g malina, extra
- 1 žličica paste od mahune vanilije

UPUTE:
a) Zagrijte roštilj na srednje. Tepsiju obložiti folijom. Bijeli sljez i maline nanizite na male bambusove ražnjiće. Pokrijte izložene krajeve ražnjića folijom. Stavite na obložen pleh.
b) Pecite ispod roštilja 1-2 minute ili dok se marshmallows lagano ne ispeče.
c) Stavite sladoled, liker, votku, dodatne maline i vaniliju u blender i miksajte dok ne postane glatko i kremasto. Ravnomjerno razlijte po čašama za posluživanje.
d) Na vrh stavite ražnjiće od marshmallowa i odmah poslužite.

99. S'Mores Martini

SASTOJCI:
- 2 unce čokoladnog likera
- 1 unca votke od vanilije
- 1 unca votke s okusom bijelog sljeza
- Zdrobljeni graham krekeri za obrub
- Čokoladni sirup za obrub
- Mini marshmallows za ukras

UPUTE:
a) Obrubite čašu za martini čokoladnim sirupom i zdrobljenim graham krekerima.
b) U shakeru pomiješajte čokoladni liker, votku od vanilije i votku s okusom marshmallowa s ledom.
c) Dobro protresite i procijedite u pripremljenu čašu za martini.
d) Ukrasite mini sljezom na čačkalici za svečani štih.

100.S'Mores Frappuccino

SASTOJCI:
- 1 šalica kuhane kave, ohlađene
- ½ šalice mlijeka
- 2 žlice čokoladnog sirupa
- 2 žlice bijelog sljeza
- 1 šalica leda
- Šlag za preljev
- Zdrobljeni graham krekeri za ukras

UPUTE:
a) U blenderu pomiješajte ohlađenu skuhanu kavu, mlijeko, čokoladni sirup, bijelog sljeza i led.
b) Miješajte dok ne postane glatko.
c) Ulijte u čašu i prelijte šlagom.
d) Po vrhu pospite zdrobljene graham krekere za dodatni S'Mores štih.

ZAKLJUČAK

Dok dolazimo do kraja "Najbolja s'mores kuharica", nadamo se da ste bili inspirirani da ponovno otkrijete jednostavno zadovoljstvo S'Moresa u svoj njihovoj slastnoj slavi. Bilo da uživate uz logorsku vatru, na roštilju u dvorištu ili u udobnosti vlastitog doma, S'Mores ima način okupljanja ljudi i stvaranja dragih uspomena koje traju cijeli život. Dok nastavljate svoje putovanje stvaranjem S'Moresa, neka vas svaki recept koji isprobate približi radosti i nostalgiji ove omiljene poslastice.

Dok se okreću posljednje stranice ove kuharice i dok se u zraku osjeća miris tostiranog marshmallowa, znajte da avantura ovdje ne završava. Eksperimentirajte s novim kombinacijama okusa, podijelite svoje omiljene S'Mores kreacije s prijateljima i obitelji i dopustite da vam čarolija S'Moresa i dalje uljepšava dane. A kada ponovno poželite slatku udobnost S'Moresa, "Najbolja s'mores kuharica" bit će ovdje, spremna da vas vodi u vašoj sljedećoj slasnoj eskapadi.

Hvala vam što ste nam se pridružili na ovom divnom putovanju kroz svijet S'Moresa. Neka vam dani budu ispunjeni slatkom čarolijom marshmallowa, čokolade i graham krekera, a neka vam srce zagrije radost S'Moresa koju dijelite s voljenima. Do ponovnog susreta, sretno S'Mores-making i bon appétit!

www.ingramcontent.com/pod-product-compliance
Lightning Source LLC
Chambersburg PA
CBHW071855110526
44591CB00011B/1420